Historia de una vida

Para mis descendientes

Ligia Vonblon

Historia de una vida

Ligia Vonblon

Historia de una vida

Para mis descendientes

Octubre del 2008

Vonblon, Ligia
    Historia de una vida / Ligia Vonblon. -- Cali: Editora
Feriva, 2008.
        140 p.; 23 cm.
        ISBN 978-958-727-001-3
        1. Vonblon, Ligia – Autobiografía. 2. Vida cotidiana –
Crónicas. I. Tít.
    920 cd 21 ed.
    A1194155

        CEP-Banco de la República-Biblioteca Luis Ángel Arango

ISBN 978-958-727-001-3

Fotografías: Álbum familiar

Impreso en los talleres gráficos
de Impresora Feriva S.A.
Calle 18 No. 3 - 33
PBX: 5249009
www.feriva.com
Cali, Colombia

Contenido

Introducción

El mundo es un escenario
y los hombres y mujeres
son meros actores

SHAKESPEARE

Trato de recordar una a una las escenas que se fueron desarrollando con actores improvisados que llegaban al escenario de mi vida: felices algunas y a veces trágicas, como en cualquier obra que muestra la condición humana.

Hoy, a mis setenta y siete años de edad, pensé que sería interesante recopilar las memorias del camino de una vida nada extraordinaria, surgida en una cuna humilde en una isla perdida por allá en una esquina del Pacífico colombiano. Una vida que nació con alas y voló por mundos apenas imaginados.

En el teatro del vivir algunos de mi familia y de las otras familias que formaron parte del elenco actuaron en extrañas circunstancias por los tiempos en que vivían, por sus capacidades económicas y por sus costumbres; y otros, fueron víctimas de su propia falta de humanidad y de principios.

Para mis descendientes será interesante saber algo, si no todo, del origen de sus vidas. A mi edad abrigo el deseo de que esta historia no se pierda en el olvido y que quizá alguno de mis descendientes la conserve para los hijos de sus hijos y de sus generaciones por venir.

He sido imparcial en mis apreciaciones y descripciones hasta donde mis sentimientos permiten.

En el caso del "Destierro" no había por qué ocultar los hechos tal como sucedieron, así redunden en mengua en la reputación de la familia de mi esposo o de la mía.

Seguramente habrá preguntas y sospechas acerca de mi conducta; es natural.

Al leer las actuaciones de este personaje, "yo", a lo largo de mi vida, mi comportamiento, mi modo de pensar, en fin, mi manera de mi vivir, se pueden sacar deducciones justas acerca de mi conducta matrimonial. Mis seis hijos son los principales testigos a este respecto. Ellos me conocen desde el principio de sus vidas.

He vivido con la mente abierta y libre de prejuicios establecidos, y con un respeto innato por mi cuerpo y mi alma, desde que yo me recuerde.

Como en la fábula de mi nacimiento, siempre creí que yo era "especial", y lo creo todavía. Después de todo, la vida es un teatro donde a cada uno de nosotros nos toca actuar, y en la actuación está el vivir. Yo escogí las escenas cuando las circunstancias se presentaban y creaba mi mundo.

Parte 1

Remembranzas de una maestra

El comienzo de un viaje

ESE DÍA ME LA PASÉ pensando en lo que sería mañana, día de mi partida; iría a un mundo desconocido, algo que ni por un momento podía imaginar.

¿Cómo sería esta mañana que diría adiós a mi familia? ¿Cuando mi playa, con su arena mojada y todas esas palmeras, ya no sería más? Y yo, ¿podría vivir sin olas, sin gaviotas? No lo sabía todavía. Allá en un lugar muy escondido de mi ser algo me decía que sería un viaje diferente, extraordinario.

Ese día me levanté temprano y caminé por la arena tibia, por entre caracoles y frutos de manglares. Las olas acariciaban mis pies. Una alegría intensa y a la vez una tristeza extraña inundaban las células de mi cuerpecito de trece años de vida. Este viaje a una ciudad en las montañas sería diferente a esas otras escapadas a las islas vecinas por mar abierto y en un juguete de canoa. Presentía que esta sería otra clase de aventura, la más grande aventura. En tren y carro por caminos donde no encontraría mar, ni ríos caudalosos, ni esteros solitarios; todas esas cosas habían hecho parte de mi vida hasta ese día.

Me imaginaba la Normal —mi futura escuela— situada en las afueras de una ciudad que sería más grande que la isla, pero sin horizontes lejanos, sin barcos, sin pescadores, sin fronteras. Mañana partiría sola a un mundo desconocido, con muchas promesas y una caja de sorpresas. ¡Todo un misterio! Por la noche, el sueño se negó a llegar; me levanté furtivamente y abrí la ventanita que daba al mar. Allí, silencioso, muy cerca, estaba mi amigo de muchos años, el puente de mis vigilias, pues cuando el mar subía por siete días en las mareas altas me desvelaba pensando que las aguas embravecidas se lo llevarían para siempre. Se llamaba "El Progreso". ¡Pobre puente! Ya no existe; al final no fue el mar sino los políticos quienes acabaron con él.

En aquellos días remotos de mi niñez este puente unía dos masas de arena del este y del oeste, y por sus arcos se deslizaba un río de plata. Aquella noche lucía fantasmal. Como que sabía que me iría. Le dije adiós y cerré la ventanita.

En la mañana sentí voces; era mi abuela hablando con su hija, mi madre. ¿Qué hora sería? Aún el sol no se había colado por las paredes de mi alcoba. La casa tenía numerosos claros entre las tablas; sol, viento, luz y sombras eran parte de la casa. Se llegó la hora de partir. Empezamos a caminar rumbo al muelle del mercado, donde tomaría la embarcación que me llevaría a un sitio llamado El Pindo, en el que me encontraría con un tren. Íbamos en procesión: mi madre, mi abuela, dos hermanitas, la mujer que ayudaba en la casa y dos vecinas. La isla, con sus calles desiertas, lucía triste. Así lo creí yo. Caminábamos silenciosamente como ánimas de media noche; hablábamos bajo. Cuando llegamos al mercado divisamos abajo, en el mar, varias embarcaciones. Bajé las escaleras del muelle; un hombre acomodaba mi maletita, que lucía bastante usada y abusada; alcé la vista para despedirme de mi madre y luego de la abuela. Esquivé sus ojos. No quería verlos; sabía que lloraban. La embarcación empezó a moverse al ritmo del oleaje.

Este era un domingo que se anunciaba radiante y fresco. Cuando la embarcación salió del muelle alcé las manos y me despedí, gesticulando hasta que las figuras se volvieron miniaturas. Me sentía vacía; no había tristeza ni lágrimas, solo un silencio en todo mi ser. Una especie de angustia circulaba por mis venas causándome a la vez frío y calor. Tuve la impresión de que dejaba de existir; la sangre permanecía quieta, se detuvo el tictac del corazón. Creí que había permanecido así durante horas, pero fueron solo unos instantes. De pronto, sentí las gaviotas revoleteando sobre el bote y volví a la realidad. El mar producía un concierto vibrante con el sube y baja de la embarcación; estaba agitado. Poco a poco la isla de mis casi trece años fue perdiéndose en un azul de brumas ¿Cuándo la volvería a ver? ¿Se hundiría en el mar? Pensamientos extraños bullían en mi mente al retornar de ese breve letargo producido por una despedida tan irreal y dolorosa para mis pocos años.

En El Pindo estaba el monstruo de hierro; echaba humo, parecía un dragón impaciente. Un tren tan viejo que parecía no tener edad. Un hombre de overol descolorido recogió mi maleta y la llevó al tren; le entregué el boleto y subí al único vagón, con bancas desbaratadas. Yo era la única pasajera. Atrás había otros vagones abiertos que llevaban plátanos y otras frutas. El hombre del overol preguntó si viajaba sola; no le contesté. Sabía que en la última estación, en El Diviso, tendría que buscar transporte para Pasto. Y de esta ciudad, otra vez por carro hasta Popayán. Mi destino por los próximos nueve meses. En Pasto estaría esperándome mi padre. ¡Mi padre! ¡Cómo sería este personaje que yo no conocía!

Cuando abordé el tren escogí la banca que tenía la ventana más limpia para así poder ver aquellos paisajes tan imaginados. Estaba llena de curiosidad y expectativa. Sentada en la banca, veía pasar los potreros, las arboledas mustias, casitas aquí y allá, algunos vacunos, gentes laborando; un paisaje monótono. El cielo lucía cerúleo, bajo, muy bajo. No tenía un libro para leer y entonces recurrí a escudriñar los paisajes de mi memoria. De pronto, sentí un arroyito tibio que hacía cosquillas y que inundaba el nacimiento de mis piernas. En la isla me entretenía leyendo novelitas, cuentos de piratas, de romances, y de aventuras, pero ninguno de ellos hablaba de trenes bulliciosos o de carreteras abismales y menos aun de las vicisitudes y tragedias relacionadas con los ciclos menstruales que tornan mujer a la adolescente. Corrí al inicuo baño con sanitario sin fondo, y allí descubrí los manchones en la ropa interior. ¿Qué hacer? Papel y más papel para embolatar la avalancha. Tuve que sacar todo aquello que mi madre confeccionó con amor, y que no tendría más remedio que arrojar por el sanitario sin fondo.

Aun ahora, a mis setenta y siete años, al final de esta jornada de la vida, cuando ya no se sabe con certeza si los recuerdos son quimeras o realidades, vuelvo a vivir toda esta historia acompañada de música, de colores vibrantes, con estelas de estrellas, a manera de escenas una obra teatral única por su originalidad. En la soledad de una vida que se va yendo en séptimas, los años de la niñez con su ingenuidad y aventuras se convierten en un refugio cálido y protector del que una no quisiera salir. Estas son algunas de las experiencias que formaron la idiosincrasia de mi ser.

Mi abuela materna

En ese viaje por tren volvían mis recuerdos. Y veía a mi abuela, la madre de mi madre, que se llamaba Águeda. Me decía "muchacho flaco" porque no me gustaban las muñecas, que para mí no tenían vida y por esto no las quería. Fui una niña diferente: playa, mar y libros, ese era mi mundo. Tenía la libertad de un ave; mi madre entendía mis necesidades pero mi abuela no. Y heme aquí, recordándola, sentada en este montón de hierros oxidados, un tren que ha recorrido caminos y que se mueve en medio de un ruido ensordecedor. Recuerdo que lucía como esos íconos indescifrables que encontramos en las salas bizantinas de museos e iglesias. Trato de rememorar sus ojos de color indefinible; unos ojos de mirada perdida, dibujados en la palidez de cera de un rostro cincelado con cien años de líneas, algunas muy profundas.

Cuando le dije adiós por última vez, esos ojos se nublaron por las lágrimas y a mí la sangre, por un instante, se me paralizó. En realidad nunca fui su nieta, pero esto fue un enigma para mí hasta años después cuando supe la causa.

Contaba que había venido a este mundo en un día de lluvias y vientos andinos, en un pueblo sin nombre, en medio de montañas donde el frío estaba presente día y noche... Que le pusieron por nombre Águeda porque unos adivinos que pasaron por el pueblo le dijeron a su madre que ese era un nombre de reina. No recordaba mucho de sus padres porque vivió su infancia en la casa de su abuela materna. En el lugar donde vivía no había escuela y por eso no aprendió a leer. Tenía un hermano, Ricardo. Vivían de la agricultura y de los telares que fabricaban a mano para venderlos en el Ecuador. A los quince años, en la flor de su juventud, conoció a Aldemar Villegas, mozo antioqueño que lucía un atractivo uniforme de soldado, quién sabe de qué regimiento. Ese encuentro le cambió la vida.

Sucedió así: Un día llegó hasta ese apartado lugar un pelotón del Ejército y acampó en las laderas del poblado. Venían desde Antioquia y Caldas con rumbo a la costa, con el mandato de desbaratar una insurrección que había surgido en las regiones auríferas del río Telembí y del Patía. Aldemar se enamoró de Águeda y ella de él. Cuando la tropa se marchó, ella se fue detrás, a pie por las montañas. Llevaba únicamente una maleta de ilusiones y un bagaje de amor suficiente para acompañar a Aldemar hasta el final de su vida; al menos así lo pensaba ella. Siempre caminando llegaron al Telembí, pasaron por el Patía, y por los caminos selváticos arribaron al mar, encontrándose con Tumaco, Viciosa y El Morro, las tres islas al extremo sur de Colombia en límites con el Ecuador. El mar Pacífico los llenó de esperanzas.

Allí el pelotón luchó hasta sacar a los insurrectos de las islas. A muchos los apresaron y la escuela sirvió de prisión. Aldemar se quedó en las islas; estaba cansado de la guerra y de las caminatas incansables. Con Águeda formaron un hogar y tuvieron cuatro hijas: Eudoxia, Raquel, Benicia y Pastora. Años después, un día cualquiera, Aldemar se cansó de su vida de hogar, se cansó del mar y buscó otra vez su vida errante de soldado. Se marchó sin despedirse y nunca más se supo de su vida.

Águeda se encerró en el silencio del olvido y nunca más lo nombró. Batalló sola por sus cuatro hijas. El comercio era su fuerte; los barcos que llegaban del exterior trayendo contrabando del Ecuador le proporcionaron un medio de vida; una forma de comercio que enseño también a sus hijas.

Era persona luchadora, de estructura pequeña, delgada, de paso ligero; erguida como una estaca y con un cuello largo que sostenía una cabeza coronada de nieve, con el pelo recogido en moño con una peineta de carey. En su cara ovalada Dios dibujó unas cejas hirsutas que hacían marco a unos ojos esquivos y desconfiados. Tenía una nariz romana, demasiado prominente para su cara pequeña. No sonreía, apenas una mueca se dibujaba muy de vez en cuando en sus labios; quizá por eso no recuerdo cómo eran sus dientes.

Entre las leyendas que solía relatarnos, recuerdo la del maremoto del año 1906. Contaba que unas olas inmensas se la llevaron de la playa mar afuera. No sabía nadar; sentía que se ahogaba, pero providencialmente un tronco llegó a sus brazos y a él se agarró con su vida entera, mientras el mar la arrastraba como una hoja en medio de la furia de las aguas. De pronto, silencio y oscuridad; ¡se le acabó la vida!

Tres días después la encontraron en Salahonda, una playa del norte del continente, muy lejos de las islas. Estaba desnuda e inconsciente. La trajeron, junto con los ahogados, a Tumaco, y allí la reconocieron los familiares. Cuando recobró la lucidez, creía que todavía estaba en el mar. "¡La Virgen de las Lajas me salvó la vida!" repetía una y otra vez, presa todavía del horror de esa pesadilla que le tocó vivir. Taciturna y con la mirada perdida pensando en quién sabe qué laberintos, deambulaba luego por las calles de la isla, camino a sus visitas diarias a cada una de sus hijas. Esa experiencia vivida la marcaría para siempre.

Recuerdo que en una ocasión hicimos un viaje ella, mi hermano Guillermo y yo, al Piñal. Íbamos a visitar a su hermano Ricardo. Conseguimos una canoa con un boga negro. Dos horas navegamos por ese océano inmenso de olas enormes, donde no se veía sino mar y cielo. La abuela Águeda, sentada en la mitad de la canoa con las piernas cruzadas a manera de un Buda miraba fijamente el horizonte lejano. No pronunció una sola palabra hasta que llegamos al estero de aguas mansas y misteriosas. "¡Salvados!", murmuró con profundo alivio. Nos dimos cuenta entonces de la gran angustia que este viaje por mar había representado para ella.

Continuamos ese viaje y dejamos atrás la bocana donde se juntaban las corrientes de agua dulce y el mar; ese mar que a ratos se nos mostraba tan devastador y poderoso. El boga era un hombre extraño; callado y taciturno. Cuando llegamos al estero sentí un gran alivio. Allí, por primera vez, escuché esa música misteriosa que rodea la soledad aparentemente silenciosa de los manglares: graznidos de pájaros y zumbidos de insectos extraños, crujidos casi imperceptibles de ramas y hojas y el chapucear del canalete que dejaba miríadas de gotas doradas esparcidas por el verde infinito del estero.

En determinado momento, el boga empezó a cantar con su voz de fumador de tabaco: era una canción de esclavos y marinos que se pierden en un mar de sirenas. Guillermo, mi hermano, se entretenía deslizando sus manitas en el agua. El cielo se angostaba porque los árboles se iban estrechando y el estero se encogía; entonces, cuando parecía que aquél se terminaba, llegamos al Piñal.

La casita, hecha de guaduas y parada en pilotes en medio de hierba alta, tenía una escalera y una ventana larga que parecía mirar inquisidora a los visitantes; "casa de fantasmas", pensé. Subimos la escalera y allí estaba Mariana, semejante a una aparición, con su vestido en medio de una luz tenue que la envolvía. Me fijé en sus pies descalzos, diminutos; era pequeña, pálida y delgada y nos sonreía con una sonrisa de Gioconda. En su rostro se destacaban sus ojos negros enmarcados por alas de golondrinas, y, ¡qué sorpresa!, tenía unas trenzas gruesas, color de azabache, que nacían en esa cabeza como de gorrión y se deslizaban hasta las rodillas. Había mucha dulzura en ese rostro de virgen de iglesia de pueblo.

En esta noche cenamos carne de armadillo y maduros asados en las brasas de un fogón de leña y también queso asado en hojas de plátanos. Dormimos como ángeles, acostados en petates colocados en el suelo y protegidos de los zancudos con toldillos de batista. A la madrugada llegó el tío Ricardo; traía cacería y frutas. Era un hombre enjuto, de rostro pálido, lampiño, con cejas pobladas torcidas hacia arriba; tenía ojos soñadores y fumaba en cachimba. Una actitud como de "me importa un bledo la vida" se traslucía en su expresión alegre y un tanto burlona y en las sentencias cortas y jocosas de sus cuentos y leyendas.

Su vida estaba allí, en la manigua. Se le olvidó el mundo civilizado; había creado en ese paraje, aparentemente inhóspito, su propio mundo. En la segunda noche, él y la abuela hablaron en susurro; probablemente quejas de mis tías, cosas de negocios. Mariana, silenciosa, escuchaba con los ojos semiabiertos porque el olor del querosén molestaba su vista. Yo me fui quedando dormida imaginando el desayuno del día siguiente, seguramente algo nuevo y delicioso.

Mi hermano Guillermo y yo exploramos los esteros, los caseríos cercanos poblados de gente color púrpura, niños semidesnudos, mujeres sin edad, amables y acogedoras que al vernos nos regalaban frutas y nos enseñaron a Guillermo y a mí a coger cangrejos. Nos perdíamos durante horas en el monte disfrutando intensamente esas correrías por la manigua, sin pensar en culebras ni en otros animales salvajes que nos pudieran hacer daño. Teníamos la temeridad de la infancia.

Después de una semana en ese paraíso nos despedimos para siempre. Cuando le dije adiós a Mariana presentí que nunca la volvería a ver con vida. A pesar del poco tiempo de conocerla, sentí tristeza y le di un largo adiós con mis manos hasta perderla de vista.

Y volviendo a los recuerdos de mi abuela, cuando me fui de la isla para cursar mis estudios en Popayán ella formaba parte del cortejo que me acompañó al muelle. Desde la embarcación en la que partí rumbo al Pindo traté de encontrar sus ojos, y esos ojos nublados por las lágrimas me contaron entonces la historia que yo ignoraba por años. Me había dejado sin padre por un capricho, como dejó a mis tías, sus hijas, sin un solo recuerdo del hombre que ayudó a crearlas. Aldemar Villegas, su marido, y Francisco Quiñónez, mi padre, murieron desde el primer día de una ausencia que ella manipuló para todos. No existían. Ahora en este adiós ella sabía que yo encontraría a mi padre y que esta vez sería para siempre.

Cuando regresé a la isla, Águeda ya no estaba. Se había ido calladamente en una noche cualquiera. Yo la recuerdo a menudo porque para mí fue una mujer de lucha, de integridad, de coraje; quería a sus hijas a su manera, y con mi tía Benicia fue muy especial. En el cementerio de la isla descansa junto a mis tías y mi madre y también junto a mi padre, su madre, y sus hermanas... Y Mariana también los acompaña. Todos ellos arrullados con el ruido de las olas, el susurro de las palmas, el canto de las gaviotas y el silbar de los vientos marinos de los barcos que se van; ungidos por la sal del mar que vive en el aire y en la tierra que los recibió para siempre.

El tren

Como una bestia cansada el tren frenó de improviso. Habíamos llegado a nuestro destino: El Diviso. El pito de la vieja locomotora sonaba como derrengado. ¡Pobres hierros oxidados! Salí del tren apresuradamente; afuera caía una fina llovizna y hacía frío. Me acerqué a una plataforma. El hombre de overol desteñido me entregó mi trajinada maleta. La abrí y saqué un saco verde para abrigarme; el calor de la isla había desaparecido y me sentí envuelta en una niebla húmeda. En la cuesta pantanosa había camiones por todas partes. En uno decía "A Pasto". Me dirigí hacia él; el chofer dormitaba. Toqué la puerta. "¿Qué?", me dijo, sin inmutarse. Le pregunté si había un puesto para una pasajera hasta Pasto; me contestó que sí, que salíamos en una hora. Un muchacho recogió la maleta y la tiró al camión encima de bultos arrumados en desorden. Fui a la tienda y compré pan y queso. Alguien quería venderme una ruana roja. Otro quería venderme maletines. Otra pasajera llegó y se acomodó al lado del chofer; yo preferí la ventana. ¿Cómo sería este viaje? ¿Cómo le contaría a mi padre mi situación de adolescente, esta situación de mujeres? Me daría vergüenza, sin duda; ni siquiera lo conocía, y él a mí, solo por fotografía. La suerte de mi madre fue un encuentro y una aventura extraña de juventud, enterrada después sin ningún remordimiento por mi abuela Águeda. Eran los años veinte, una época de transformaciones en el resto del mundo, no así en la isla, donde los prejuicios estaban regidos por una sociedad mojigata, cerrada al cambio.

Por carro

Pronto partimos rumbo a las montañas que se divisaban a lo lejos como siluetas dibujadas en la niebla. El frío era intenso. La pasajera me pasó una ruana y me ayudó a cubrirme en ella desde el cuello hasta los pies. Yo tiritaba con dientes y todo. Empezamos a subir y a subir; me cansé de mirar la niebla y el monte. A mi lado, los precipicios, los cañones insondables, algunos ríos que parecían serpientes dibujadas en la hondonada, caminos que subían y bajaban en espirales, cortes de montañas que daban paso a la carretera destapada, techos de casitas miniatura que parecían prendidas de las rocas, puentes, quebradas secas, curvas y más curvas y algunos derrumbes.

La pasajera dormitaba y respiraba entre suspiros. La noche se iba acercando; la sentía, aunque no se veía nada. Cerré los ojos y volvió a mí el recuerdo de Mariana; rememoré la última vez que la vi, dos años después de nuestro encuentro en El Piñal. Recuerdo claramente la canoa que como un sarcófago la trajo a la isla; un día de tragedia, algo imborrable para mis once años de existencia. No podía comprender todavía lo irremediablemente fatídico del final de una vida. Me parecía algo absurdo. Más tarde, en mis años juveniles, lo entendí mejor, y aunque siempre la muerte me pareció algo irracional le perdí el miedo. Ahora, con la sabiduría de mi edad, comprendo que es algo tan natural como el nacimiento, y hasta necesaria y gratificante cuando se ha recorrido toda la jornada y ya no hay nada más por descubrir.

Mariana llegó a la isla en un día sin viento, sin ruido de palmeras, ausente de gaviotas; la naturaleza estaba como dormida, pero el sol estaba incandescente. Alguien, un moreno, llegó a preguntar por la abuela diciendo: "Les traje algo del Piñal, pero la marea está alta, hay que esperar que baje. La canoa está amarrada al muro". Mi abuela no preguntó qué traía, se sentó en la terraza desde donde podía divisar la canoa, y se quedó como en vigilia mirándola con los ojos nublados por el llanto. Luego de dos horas la marea bajó; entonces, en fila india, mi madre, mi abuela, mi hermano, la ayudante de la casa y yo nos fuimos por la calle húmeda hasta llegar al muro. Nos metimos en el agua, y la abuela se acercó a la canoa y alzó las hojas de plátano que cubrían algo. ¿Quién era? Una Mariana más que diminuta apareció, muy blanca, con sus manos de paloma cruzadas sobre el pecho; en su cabeza tenía una corona de flores de papayo, sus ojos cerrados y su rostro lucía dulce; dormida para siempre, parecía soñar con la selva de su vida. ¡Pobre Mariana! Nacer, vivir en medio de un paraíso y luego terminar así, tirada en una canoa en una peregrinación hacia la tumba. Yo me preguntaba adolorida por qué no se quedó allá en su selva, entre pájaros de mil colores, cantos de chicharras, luciérnagas en la noche, y sobre todo, al lado de su Ricardo. La llevaron hacia el cementerio en una caja cualquiera. Sus preciosas trenzas azabaches se deslizaban suavemente por entre los brazos hasta las piernas, cubiertas éstas por la gasa blanca del vestido. Ese día me fui corriendo hasta mi árbol preferido y me subí a llorar por Mariana y por su viaje sin regreso. Días después, mi abuela comentó que Mariana no quiso quedarse perdida en la selva del olvido y había pedido a Ricardo que la llevara en ése, su último viaje, por los esteros y el mar del Pacífico hacia Tumaco; ella quería descansar en el cementerio, en sociedad con los muertos de la isla. Con apenas once años no podía entender la filosofía encerrada en ese postrer deseo.

La isla

Con sus diez mil habitantes, la isla era mi mundo, mi universo todo. Tenía Tumaco la forma de una hembra barracuda. Se levantaba a medio metro del nivel del mar. Sus pobladores eran gente sana, sin pretensiones, sin afanes de competencia. Se vivía al día, no importaba el pasado ni el futuro; la cotidiana existencia transcurría sin problemas.

La isla de arena estaba sembrada de almendros y palmeras. Había dos iglesias, dos escuelas, un colegio de monjas, una sala de cine, un mercado, un muelle, tres puentes y un hospital, y también algunas casas de currulao a la orilla del mar, donde la negrura se despertaba de la rutina y el bochorno de los días caniculares. Por sus calles arenosas corría el único carro convertible que se arrendaba para cumpleaños y entierros. Su variopinta población estaba compuesta por gente de todas partes, extranjeros que llegaban en los barcos y se quedaban; pobladores del interior y algunos del Ecuador y, desde luego, la raza negra nativa de la costa. Formaban todos una población heterogénea, trabajadora y pacífica.

En mi hogar, nuestra casa que alguna vez el mar se la llevó, existían situaciones que no traté de dilucidar nunca. Vivían allí solo mujeres y niños, no había hombres. De mis experiencias de entonces conservo la memoria de una familia con muchas excentricidades; mi madre, mis hermanos menores, mis tías, todos envueltos en una aureola de leyenda.

Desde muy temprana edad comprendí, con cierta clarividencia, que por más que recorriera el mundo de aquí para allá nada nada borraría las experiencias de mi niñez. Esas vivencias de la infancia permanecieron fieles en mí aun cuando, ya convertida en toda una mujer, el destino me llevó por tan diferentes latitudes.

***

A mis trece años, sentada en un camión por horas y horas, en medio de personas extrañas, con hambre y frío, lejos de mi familia y de mi isla, mi mente divagaba. Pensaba en mis estudios y aventuras, en las leyendas de mi madre, de mis tías, de mi abuela y de la gente que conocí; todos ellos a manera de actores de una obra teatral.

¿Qué hora sería? Habíamos pasado los caseríos de una planicie. De pronto el chofer se detuvo y nos informó que era tiempo de tomar café. Entramos en un local con mesas desocupadas iluminadas por lámparas de petróleo: no había viandantes a esa hora. Una señora salió y nos pidió las órdenes. El chofer pidió huevos empericados, "pambazos" con mucha mantequilla y mucho queso, una copa de aguardiente y café. La pasajera, con su ruana verde parecía un cura, pidió chocolate, pan y queso; yo, chocolate y pan. La dueña del local me regaló colaciones. Estaba sorprendida de que me hubiesen permitido viajar sola. "¿Cómo dejan viajar sola a esta niña?", preguntó, moviendo la cabeza con desaprobación. Un tanto cohibida, le expliqué que mi papá me esperaba en Pasto, que tenía trece años y que estaba acostumbrada a viajar sola.

Luego de esta breve parada el camión reanudó su viaje. Dormité por un rato y cuando desperté mi cabeza estaba en el hombro de la pasajera; me enderecé y me arropé con la ruana. El frío era intenso. Mis pensamientos volvieron a la isla y me trajeron el recuerdo de mi tía Benicia, una mujer semejante a aquellas bellas modelos de las pinturas de Monet, con vestidos de muselina y encajes, en los jardines de Giverni. Pero hasta ahí llegaba el parecido, porque la tía Benicia, al contrario de la alegría que transmitían esas graciosas mujeres, era una persona taciturna y melancólica. Decía que todos venimos al mundo con una caja de regalos y que conforme pasa la vida los vamos abriendo y encontrándonos con muchas sorpresas. Y que en su caso, éstas no habían sido muy agradables.

Tenía un almacén de telas y otro de artículos de uso diario; vitrinas atestadas de curiosidades y menesteres de modistas. Vivía junto a sus hijos Rómulo, Alfredo y Pedro en una casa grande con muchas habitaciones situada al lado del mar. Habitaba el segundo piso y en la parte baja, paradas sobre pilotes, estaban las piezas ocupadas a menudo por clientes del almacén que llegaban de pueblos situados más allá del mar.

Su esposo, Pedro Betancourt, había fallecido años antes y su hijo Pedro se había marchado en busca de trabajo al interior de Nariño. Alfredo y Rómulo la ayudaban en el almacén.

Alfredo estaba enamorado y comprometido a casarse con Aura Gutiérrez, una mujer ocho años mayor que él, elegante, educada y atractiva, pero que tenía sus historias en la isla. Se decía que antes de llegar Alfredo había tenido un novio por muchos años que nunca quiso casarse con ella. Entonces llegó Alfredo a su vida y le propuso casarse. Cuando se realizó la boda, los novios, sentados en la berlina –el convertible de la isla–, iban vestidos de blanco. Ella, con corona y ramo de flores; él, con azahares en la solapa. La isla entera parecía que estaba invitada y había gente adentro y afuera de la iglesia. Cuando llegaron los novios hubo aplausos de admiración para una pareja tan hermosa. La iglesia adornada con flores y cirios. El cura esperaba cerca del altar. Después de la ceremonia salió el cortejo caminando hasta la casa de la novia, donde los hermosos jardines estaban arreglados para recibir a los invitados. Tía Benicia y Rómulo esperaban cerca de la puerta con la hermana de la novia. Fue una tarde de batistas, velos y encajes, sombreros con flores y muchos zapatos blancos. Hubo lechones, vino y cerveza en cantidades impresionantes. Los novios se despidieron a las doce de la noche y se fueron a una casita situada en la playa. Los invitados se amanecieron. Tía Benicia estaba feliz, muy elegante con su vestido de encaje y seda.

Pasaron unos días, y un rumor empezó a circular por la isla: el novio había desaparecido exactamente después de la noche nupcial. La novia se encerró por un año entero y nunca quiso hablar del tema. Nunca se supo exactamente qué pasó; pero, claro, hubo muchas cábalas acerca de esta desaparición tan misteriosa, entre ellas, que el novio se marchó porque encontró que la novia no era virgen; que lo asesinó el antiguo novio de Aura Gutiérrez; o que se ahogó en el mar en una noche de amor marino. Mi tía Benicia lloraba silenciosamente sentada detrás de la vitrina. Quizá ella sí sabía del destino de su hijo, pero nunca dijo nada. Años después, cuando ya nadie se acordaba de este escándalo y veían pasar a Aura Gutiérrez sola como un alma en pena, algunas gentes le colocaban apodos hirientes.

Rómulo siempre se quedó con Benicia. Pedro todavía estaba en el interior, en la capital. Un día regresó después de dos años de ausencia, delgado, muy triste y muy reservado; parecía tener una honda pena. Se encerró en sus habitaciones. Sufría fiebres vespertinas y mucha tos. Tenía apenas veintitrés años cuando murió ahogado por su propia sangre. Así perdió Benicia a su segundo hijo. Su esquiva sonrisa desapareció para siempre y se tornó inmensamente triste. La mirada se le apagó y el cabello se volvió de nieve; perdió todo entusiasmo por los negocios, dejó el almacén a Rómulo y se fue a vivir a la casa del puente en cuya planta baja vivíamos nosotros. Nunca más volvió a salir. Pasaba horas sentada frente a la ventana del balcón; desde allí, con mirada perdida, veía en la lejanía los paisajes de las islas que parecían alfombras en el mar, bordadas de palmeras y manglares.

A lo lejos en las dos islas reventaban las olas en el arrecife formando cintas de espuma blanca. Y acá, en la bahía, el sol resplandecía sobre el mar que se tornaba plata y oro. Benicia miraba ese mar durante horas como buscando consuelo a sus grandes pesares. Estaba enferma; día a día se iba debilitando, tosía y tenía fiebres por la tuberculosis. Mi abuela le llevaba la comida en platos de porcelana de Bavaria, siempre los mismos. Comentaba a menudo: "Pedro se la va a llevar, ella no se merecía esto". Mi madre le repetía una y otra vez: "Cuídese, mamá, que lo de Benicia es contagioso".

Mi madre y mi abuela no sabían que yo visitaba a mi tía todos los días y que a veces, inocente del peligro de contagio, comía la fruta que ella dejaba. Murió la tía Benicia ahogada por su sangre, exactamente como su hijo Pedro Betancourt. Ese día me escondí allá en los muros. Leí un libro hasta que me dolieron los ojos y cuando regresé ya se habían llevado a Benicia. Unas semanas más tarde, mi madre sacó de un baúl vestidos hermosos y telas que nunca habíamos visto; todo traído de Europa. Dos años después mi madre arregló esos vestidos para mí. Como anécdota curiosa, recuerdo que en el velorio de mi tía hubo un incendio porque uno de los cirios se dobló y prendió los manteles de encaje en la mesa donde estaba el crucifijo. Fue el fin de los rezos.

En el viaje

"Estamos pasando por una ciudad llena de luces, pero muy fría, Túquerres", dijo el chofer. La señora sacudió su humanidad, yo salí de mi letargo y miré las calles empedradas, desiertas. Serían las tres de la mañana. Alguien dijo que llegaríamos a la madrugada a Pasto. Me acomodé tratando de hacerme un rollo y me envolví en la ruana. No había nada para ver. Cerré los ojos y de nuevo traté de refugiarme en mis recuerdos. A mi memoria vino la figura robusta de mi tía Raquel, la de los ojos de color miel; Raquel, la liberada. Pero en ese preciso momento el chofer frenó de improviso, abrió la puerta y salió del vehículo con gran contrariedad. Había un derrumbe que obstruía el camino; tres carros permanecían varados a otro lado sin poder pasar. Nos quedamos allí varias horas hasta que arreglaron la vía; la señora a mi lado dormía muy profundamente.

El chofer no volvía y yo opté por seguir pensando en Raquel. Trataba recordarla porque fue la tía con quien menos estuve relacionada. Por mi abuela sabía que tenía un almacén, un esposo y un hijo; que el señor Alberto Gómez, su esposo, tenía una imprenta, y que a mi tía la llamaban "la Gorda".

Mi tía Raquel fue la comidilla de la isla durante mucho tiempo porque al separarse de su esposo mantuvo una relación amorosa con un hombre mucho más joven. Un escándalo para la época. Luego de la separación, Alberto Gómez se llevó a su hijo. Años después, en uno de mis viajes a la isla volví a verla y me sorprendí al enterarme de que nuevamente vivía con su esposo y su hijo. Y creo que fue así hasta sus últimos días.

Mi otra tía, Eudoxia, era una persona cariñosa que ayudó a mi madre en la época de las vacas flacas. Su esposo desapareció no sé si por muerte o por abandono. Tuvo un hijo que se llamaba Simón. Volvió a casarse, con Antonio Velasco, un hombre alto, rubio y de ojos azules que acostumbraba a vestirse completamente de blanco, incluyendo los zapatos. Era el ser más callado que se pueda encontrar en este mundo. Todavía me parece verlo en su lugar favorito: arrimado a una de las puertas del almacén que tenía con Eudoxia. Desde allí podía divisar la calle del comercio y a mi tía detrás de la vitrina. Al mediodía ella ya se hallaba en ese "estado" característico producido por el consumo de cinco copitas de aguardiente; su rostro se volvía rojizo y su hablar repetitivo y lleno de altibajos. Era simpático observar a don Antonio y a mi tía: ella, tratando de esconder su "estado" y él, reprochándole con sus ojos de color de cielo. Cuando viajé a mis estudios ella fue muy generosa conmigo: me regaló las telas con las que mi madre confeccionó mi ropa. No recuerdo cuándo dejó esta vida. Don Antonio se volvió a casar cuando quedó viudo. Mi tía Eudoxia había adoptado a una de mis hermanas, la educó y la casó con uno de sus primos.

Y ahora viene a mi mente la última de las hijas de Águeda: Pastora.

Mi madre

Su nombre, Pastora, y haciendo honor a él Pastora tenía su rebaño: nosotros sus hijos. Los doce años que pasé a su lado fueron años de movimiento y de cambio: almacenes, tiendas de abarrotes, casas diferentes. Nuestras habitaciones siempre estuvieron contiguas al almacén. Teníamos una mujer negra que cocinaba y un ayudante para traer mercancías.

En mis recuerdos la veo como una mujer joven, agradable, alegre, de mirada curiosa y expresiva y una sonrisa a flor de labios. Su cabellera lacia, del color del ébano, peinada hacia atrás, dejaba ver su rostro de pómulos salientes y un perfil de estatua griega. Un lunar en la comisura del labio superior era su marca distintiva. Tenía porte airoso y un andar elegante, como llevada por la brisa; su risa era contagiosa, sonora, despreocupada. Una mujer bella, sensual y sencilla, que los isleños admiraban. Pero sobre todo, una mujer luchadora, obstinada en levantar en una familia decente los hijos que le dejaron dos esposos ausentes e irresponsables.

No tenía mucho tiempo para el hogar. Nos dejaba en libertad, y como las gaviotas en la playa, pasaba con mis hermanos metida en el mar o explorando las playas en busca de caracoles y moluscos. Sol, arena y mar formaban parte de nuestra existencia. Nacimos libres y sin prejuicios. Nos criamos de igual manera. Cuando salí de la isla, estos pasajes de mi vida habían formado mi carácter como en una roca.

Pastora albergó siempre un espíritu de aventura y el anhelo ferviente de vivir sueños prodigiosos. Allí, en los límites estrechos de esa pequeña isla, componía hermosas fábulas que a veces parecían realidades. A ella le agradezco por siempre no haber hecho de mi mente un tejido de normas establecidas y haber iluminado de sueños mi corazón.

Años más tarde, cuando comprobé las verdades de su vida, la admiré con devoción y le escribí versos de agradecimiento:

"Nos dejaste una salud buena, una mente sin cadenas ni rencores y un gran amor a la vida. Nos enseñaste a desechar el miedo, el aburrimiento y a no perder el tiempo añorando lo que no pudo ser. En la fábula de mi nacimiento creaste algo muy ESPECIAL y me pusiste en un pedestal, porque yo fui esa hija separada de ti al nacer, por el infame tifus que te postró durante meses entre presagios funestos. Fui tu hija primera, a quien la abuela Águeda borró con una sentencia la existencia de un padre, y de tu amor: Francisco Nel Quiñónez Sánchez".

La abuela casó a Pastora con un señor, se supone responsable e íntegro: Guillermo Chávez, oriundo del Ecuador, hábil comerciante pero también aventurero, como la familia se daría cuenta demasiado tarde. Este hombre pasó a saltos por la vida de Pastora. Veía nacer a sus hijos, pero no los criaba. Sus ausencias duraban primero meses y luego años, hasta que al fin un buen día partió para nunca más volver a la isla. Luego vino un nuevo esposo, ausente también por diversas causas. Estas ausencias de la figura paterna harían que nuestra casa se fuera convirtiendo en una casa de mujeres y niños; pocos hombres o ninguno.

Mi madre se preocupó por mi educación, aun en tiempo de las vacas flacas cuando pasábamos un sinfín de problemas económicos. Siempre destinó una partida para comprar libros y ropas para las escuelas y colegios. La última casa donde viví, a mis doce años, fue la casa del puente, mejor dicho, donde empezaba el puente Progreso, una casa parada en pilotes de cemento. Ocupábamos la planta baja; la alta, nadie. Mi tía Benicia murió allí.

Eran tiempos difíciles; las finanzas, escasas. Mis tías colaboraban con nuestra alimentación. Yo, ya en el Liceo, sufría por falta de libros y cuadernos. Los profesores entendían mi situación y me ayudaban. Pastora poseía ese don tan hermoso de la comunicación y la sociabilidad. Pocas veces la oí quejarse; las dificultades no agriaban su carácter. Pasaba horas y horas en la máquina de coser y luego, como en un breve descanso, buscaba con quién charlar. Sus risas y su humor llenaban el ambiente.

Viaje y llegada a Pasto

Entramos a la ciudad por una calle empinada, con casas de un piso pegadas unas a otras. Parecían murallas. Las luces de las calles, mezcladas con los primeros albores del amanecer, hacían visos en la niebla que empezaba a disiparse. Un frío intenso congelaba los huesos.

El chofer, sin nombre, se quitó la cachucha y se peinó con los dedos untados de aceite de motor. La señora de la ruana verde sacó un espejito y se miró; todavía estaba oscuro. No me moví. Pensaba en mi padre. ¿Cómo sería el encuentro?

El carro se paró repentinamente haciendo un ruido infernal. "Aquí se queda usted, niña", dijo el chofer abriendo la puerta. Salió y me ayudó a bajar. Cargó mi pobre maleta y nos dirigimos a un edificio con una gran puerta y una escalera amplia en el centro a manera de escalinata. Tocó la puerta y un joven abrió una de las naves. El chofer le entregó la maleta y se fue. Miré hacia el carro para decirle adiós a la pasajera. Su ruana la dejé en el asiento. El joven, con cachucha roja y uniforme, me llevó a que esperara en un saloncito donde había sillones y una mesa de centro. "Mi primer hotel", pensé. Mi padre era el administrador de ese hotel, el hotel Niza, creo, el mejor de la ciudad.

"Don Pacho está todavía en su pieza; le avisaré que llegó", dijo el joven y se marchó por un corredor hacia el interior, donde alcancé a divisar por un jardín con macetas de flores y luces escondidas.

Traté de peinarme, con los dedos como el chofer, y de alisar el vestido, que lucía arrugado y feo. Me sentía cansada y agobiada tanto por ese frío como de nevera como por mi situación higiénica. Sentía también pánico del encuentro con ese hombre que yo no conocía. Pasaron solo unos minutos. Un hombre recién afeitado, con gafas, vestido de negro, camisa blanca, corbatín negro, apareció por el corredor frotándose las manos como para calentárselas.

–¿Qué hay? –me dijo con una sonrisa.

Me levanté y lo salude tímidamente:

–¿Don Francisco? – pregunté.

–¡Su papá! –me respondió algo incómodo y agregó–: Olvídese del don –y luego, dirigiéndose al muchacho–: Lleve la maleta a mi apartamento.

Me cogió la mano, me llevó por el corredor, y me dijo:

–Aquí es el comedor. Vamos a desayunar.

El comedor estaba vacío. Nos sentamos a la mesa. Yo trataba de no mirarlo. Él me observaba con una curiosidad que no podía disimular. Yo pensaba en mi lamentable aspecto. Mi vestido ajado por el camino, mis cabellos enredados, mi higiene tal vez era pobre. ¡Qué contraste! Él elegante, perfumado, con sus gafas de oro parecía una persona muy importante. Conversamos del viaje de Tumaco y de mis estudios mientras tomábamos el desayuno. Sentía una timidez escalofriante y bajaba la vista. Entonces él me dijo:

–Siempre mire a la gente a los ojos cuando le hable y cuando usted hable.

Mi primera lección. Luego me llevó a su pieza y me dejó sola para que me bañara y me cambiara de ropa. Me bañé con agua helada y luego no encontraba toallas para secarme. Una calamidad.

Don Francisco vino después y me llevó a comprar un abrigo, zapatos y medias.

¡Mi padre! ¿Era en realidad mi padre? Parecía algo tan inverosímil. No sentía absolutamente nada por él. Mi padre de unas horas. Ese día cenamos juntos. Éramos una hija y un padre de nombre solamente; no había lazos de unión. Mi abuela lo llamaba "el extranjero". Con el tiempo aprendí a quererlo y a admirarlo. No era muy alto; tenía en su tez quemada sombras de una barba hirsuta, pero se mostraba siempre perfectamente afeitado. Su andar era el de un hombre joven; ligero y elegante. Su conversación, siempre salpicada de humor. Más tarde, cuando la vida le pasó factura por esos años de licor, aún conservaba ese porte de hombre de mundo, seguro de sí mismo. Esa noche dormí en su habitación y al otro día a las cinco de la mañana me despedí de él.

Tomé entonces otro camión rumbo a Popayán con un chofer de bastante edad. En la cabina íbamos una señora con un bebé y yo, con mi abrigo nuevo. La carrocería del camión estaba forrada con plásticos, que con el viento sonaban como velas de una canoa. Muy linda la salida de Pasto, por una avenida sembrada de eucaliptos. Ya estaba amaneciendo y con esos primeros rayos de sol contemplaba arrobada las colinas sembradas en retazos de mil colores. Los abismos me intimidaron un poco menos que los de mi anterior viaje. Una brisa fría acariciaba mi rostro mientras el camión subía y bajaba por una carretera llena de arabescos. Me sentí mareada; cerré los ojos y procuré pensar en mi padre y en su familia de la que conocía una parte, no toda.

La familia de mi padre

La familia Quiñónez Sánchez era originaria del Ecuador; primero llegaron los hombres, más adelante las mujeres y los niños. Mi abuela paterna se llamaba Braulia, y el abuelo, Nemesio. Tenían siete hijos: Áurea, Mercedes y Clarita, Gilberto, Enrique, Francisco y Óscar. La familia Quiñónez estaba diseminada entre Colombia y Ecuador; unos se dedicaban al comercio, y otros, a la minería; eran dueños la mina de oro La Tolita. Mi tío Gilberto y Enrique llevaban una vida nómada. A todos sus hijos les pusieron nombres patrióticos. Mercedes se casó con don Pablo Sánchez. Eran dueños de minas de oro y fincas ganaderas. Óscar se suicidó a temprana edad. Áurea nunca se casó. Clarita era retardada, y la chifladura le dio por el aseo extremo; era sordomuda, y por supuesto Áurea la cuidaba. Mercedes fue una mujer muy inteligente, con una gran visión para el negocio; después de su muerte, ocurrida a temprana edad, don Pablo Sánchez, su esposo, que nació con los terribles defectos de la pereza y la incompetencia, llevó a pique todo lo que habían acumulado y quedó la familia en una pobreza franciscana. Tenían cinco hijas mujeres y dos hombres; solo dos de ellas se casaron. Mostraban una gran vocación musical. Vivían de la enseñanza de piano, y administraban una casa de té. José Sánchez tocaba el violín, Enriqueta y Adiela tocaban el piano, las otras hermanas cantaban.

La tía Áurea contaba una leyenda de una mina de oro en la que encontraron un entierro de indios; un tesoro que consistía en ornamentos ceremoniales de un cacique, así como collares, brazaletes, narigueras y muchos artefactos utilizados en sus rituales. Don Pablo Sánchez le entregó ingenuamente todo esto a un amigo para que se lo llevase a vender a Nueva York. Ese amigo se llevó a EE.UU. las cajas con el tesoro, pero cuando regresó salió con el cuento de que no le habían dado por él mucho dinero porque no era oro de verdad, que estaba muy mezclado. Se supone que estos ornamentos pertenecían a los indios Tumas, descendientes de los incas. Hoy en día reposa este tesoro en las vitrinas del Museo de la Universidad de Filadelfia. Lo irónico de esta historia es que a su regreso de Nueva York el amigo se volvió muy rico. Tenía una flota de barcos, grandes almacenes y lindas casas para su familia. Años después todo esto se quemó en los famosos incendios de Tumaco.

Y volviendo a la historia de mi padre, recuerdo que mi tía Áurea contaba que lo mandaron a Nueva York a estudiar finanzas, y cuando regresó a la isla hablando inglés se convirtió en el soltero más famoso y atractivo por el que todas las jovencitas suspiraban, inclusive Pastora, mi madre.

Otras historias, algunas muy interesantes —rayaban en lo episódico—, se contaban de la familia. Mi tía Áurea y mi tío Gilberto decían que los Quiñónez llegaron de España de la región de Alicante a principios del siglo XVI, durante el tiempo de la conquista. Como todos los españoles, vinieron en busca del oro; unos se quedaron en el Telembí y los otros emigraron a Ecuador y al Perú. De la rama del

Ecuador viene mi padre. Tanto en Quito como en Lima les fueron concedidos títulos por servicios prestados al rey.

Los Quiñónez tenían esclavos negros para lavar el oro de las minas. En aquella época se acostumbraba colocarle al esclavo el apellido del patrón; por eso (y quizá también por causas más sentimentales) encontramos muchos negros con el apellido Quiñónez. La genealogía de esta familia es muy larga y va adjunta a esta historia.

Fin del viaje

Nos estábamos acercando a una ciudad; se veían casas a lado y lado de la vía. El camión se desvió por una carretera angosta y siguió el curso de una quebrada de aguas oscuras y bulliciosas. "Allá está la Normal", gritó, señalando una casa que se veía en la cima de una colina. Mi corazón empezó a latir rápidamente; sentía una emoción mezcla de frío, calores y ansiedad. ¡Dios mío! ¿Cómo sería la llegada?

Subimos por una cuesta bordeada de eucaliptos, y de pronto apareció la casona con sus columnas de ladrillo y flores por todas partes. En los altos se veía un balcón muy largo. El piso del corredor en la planta baja era de ladrillos grandes. Entramos por un zaguán hasta un patio inmenso decorado con plantas y macetas de flores, a cuyos lados había corredores con columnas; y en la puerta de una pieza semiabierta, un letrero que decía "Información". El chofer entró y se dirigió a un escritorio y le dijo a la persona que estaba allí sentada que yo era una alumna que llegaba de Pasto. Luego se despidió y se fue. La mujer, una joven muy simpática, me señaló una banca para sentarme. Así lo hice. Me preguntó mi nombre y buscó en unos papeles.

–¿Vino alguien con usted? –volvió a interrogarme, curiosa.

Le contesté que no, que había venido sola, pero que mi papá me había recomendado en Pasto con el chofer.

Y así, de esta forma sencilla ingresé a la Normal e inicié una de las etapas más trascendentales de mi vida. Fue el principio de una educación que me abrió las puertas de un mundo nunca imaginado, una formación que cambió para siempre mi porvenir. Y esto, gracias a la beca que me gané en Tumaco no obstante mi poca edad, y que utilicé a pesar de todos los problemas que tuve para salir de la isla. Lo logré, porque no me dejé vencer por la incertidumbre o el temor.

Mi historia

En estas primeras páginas han quedado narrados mis doce años en la isla. Aproveché la monotonía del viaje de Tumaco a Popayán para hablarles brevemente sobre mi abuela, su hermano Ricardo, mis tías y algunos primos. También les hablé de mi padre y su familia hasta donde yo pude conocer en mis pocos años de vida. Así, rememorando todo aquello que no quería olvidar, mi viaje resultó entretenido.

En los años cuarenta Colombia era un país poco desarrollado y Tumaco una población muy provinciana en donde había contadas distracciones. Pero allí, en esa atrasada isla del Pacífico colombiano, viví la edad de la inocencia y fui inmensamente feliz.

Empezaré esta segunda parte con mi nacimiento, la cual voy a describir poéticamente:

Yo estoy sentada en una roca, mirando al horizonte de mi vida. Allá, en ese amanecer, un ave canta una melodía, y los colores en el firmamento aparecen uno a uno como si fuesen notas de una sinfonía: rosados, violetas, azules tímidos, amarillos de oro y magentas. Todo este arco iris de colores baña el mar de las islas con sus palmeras ondulantes. En ese amanecer, un poeta escribe un soneto: "Como las hojas al viento, vagarás incesante en busca de un verso".

En este amanecer llegó también a la isla un circo con gitanos y adivinos que vendían quimeras envueltas en pétalos de rosas. Ese día la isla se vistió de fiesta. En las calles se oyeron los tambores que repetían sus monótonos tan-tan; los címbalos y acordeones cantaban soñadoramente, casi que hablaban y las maracas ensordecían. Las calles se volvieron una bulliciosa feria con gentes alegres que circulaban en medio de aplausos y risas.

Llegaron también las canoas dibujadas con triángulos negros llenas de indios de la tribu callapas, con los cuellos envueltos en un sinfín de collares multicolores. Las mujeres, de pies descalzos, con los senos al aire, caminaban como volando por las calles de arena; y los hombres, de alpargatas y faldas negras, lucían sombreros negros sobre un pelo hirsuto que les caía a los hombros. Hablaban de las estrellas que los guiaron a la isla; ya sabían que había un nacimiento en ese amanecer.

Pero mi madre, el ser que me trajo a este mundo en esta sinfonía de amanecer con colores de arco iris y canto de aves, fue sentenciada por el tifus. La fiebre le consumía las entrañas y le enredó la mente. Entonces, el poeta no terminó su soneto. Las canoas regresaron al mar de más allá. La fiesta se terminó y el amanecer se volvió medio día. Una negra apareció y me dio su savia, porque mi madre tenía fiebre peligrosa y de contagio. Desde entonces, el soneto del bardo se tornó realidad: salí de un cuerpo a otro cuerpo, era otra raza, era otra vida la que alimentaba mis sueños; las quimeras flotaron en pétalos de rosas por todo el mar de impresiones, la música soñadora de la fiesta de gitanos llenó mi alma de secretos insondables.

Los indios con sus piraguas me mostraron los esteros y sembraron en mi mente la adaptación a los ambientes. En el primer día la negra y yo nos miramos inquisitivamente. Entendí de sus poderes mágicos, que se iban deslizando por el río de las venas de mi cuerpecito, sin nombre. No recuerdo ni su cara ni su nombre, pero sí recuerdo su voz, y a veces la he oído en esos días vacíos de emociones, llamándome a la renovación del espíritu.

Cuando al pasar de los años llega el MEDIO DÍA de una vida, el sol calienta verticalmente; entonces..., sentada en una roca miro otro horizonte; estoy en un desierto, y allá a lo lejos un espejismo aparece prometedor. Escudriño mi alma, y recojo una a una las jornadas terminadas, aventuras extraordinarias. En todas ellas siempre aparecen versos, quimeras, música de tambores y címbalos, esteros misteriosos y un arco iris de colores.

En mi mente siempre estaba presente "Vagarás incesante". El ir y venir me llevó por tantas latitudes que ya perdí la cuenta, siempre en busca de nuevas realidades. De ese amanecer hasta el mediodía han aparecido muchas vidas como apariciones fugaces y he seguido el camino del mar que va por mis venas y me trae una brisa misteriosa. Comprendí que no había una razón para detenerse, sino dejar que la vida siga su derrotero, y así fue.

Después del mediodía vino el atardecer del vivir; se han ido, por así decir, organizando, serenándose los ímpetus, las obsesiones, los sueños exagerados, ciertos mundos secretos. Empecé a fabricar otras ilusiones y a llevarlas de la mano conmigo por todas partes como si fuesen el soplo de mi ser para poder existir.

Atrás quedó el pasado. Deseché lo que consideraba fútil: caprichos, egoísmos, fanfarronerías y todo lo demás. Empecé por la verdad; a buscarla con los ojos abiertos y no mentirme a mí misma. A ver, si es posible, la verdad en cada situación y en todos los seres humanos. Ver la verdad en mi familia, la verdad desnuda.

Descubrí que a esta edad, en el atardecer de mi vida, los colores son más intensos que aquellos de mi juventud, al igual que aquellos sonidos con música de olas y gaviotas en las playas de mi isla, música que hace tantos años me llenó de emociones. Cuando aquel ambiente se mostraba con rituales inesperados, cada árbol, montaña, cielo, luces de días, truenos, lluvias, eran muy importantes para mis sentidos, y su evocación despierta en mí un laberinto de sensaciones. La naturaleza vino a ser, por así decirlo, una religión. Allí estaba mi Dios.

Y en el ocaso de mi vida estoy sentada en una roca y miro el atardecer cuando el sol se va en busca de refugio. Yo sé que pronto desaparecerá y alumbrará en otra parte del planeta. Los colores intensos que se van perfilando allá en el horizonte van plasmando dentro y fuera del ser una sinfonía de colores. Un ave canta y otras la acompañan. ¡Instantes de misterios!

Nos quedamos con las estrellas en esta noche de brisa suave. Y yo en busca de caminos sembrados con pétalos de rosas, con esa música del circo: címbalos y tambores, los versos del poeta y otras remembranzas. No sé si fueron realidad los cuentos de mi madre en ese día que aparecí a su lado, o fueron solo fábulas creadas para hacerme especial, y conectar así toda esta magia a los sucesos del día de mi nacimiento.

Madre soñadora que fabricaste tu mundo y viviste en él como si fuera una poesía.

Hija soñadora que fabricaste tu mundo y has vivido en él creando poesías.

Mi educación

Empezó en una escuela que alguna vez fue cárcel allá durante las guerras civiles. Tenía dos pisos y ocupaba una cuadra entera.

Las monjas betlehemitas estaban encargadas de la enseñanza. El amor por los libros se despertó en mí desde temprana edad; el amor al estudio era mi fin en un mundo por descubrir y lo agarré con todas las fibras de mi ser. Entonces cuando llegué a la Normal fue como la culminación de sueños que cual tesoro llevaba conmigo como parte de mi vida; me di cuenta de que no me era extraño ese lugar. Al contrario, desde el principio lo adopté como mi universo.

La Normal era una casona inmensa rodeada de caminos y de lomas suaves sembradas de hortalizas. Al frente, amplios corredores y su interior construido en forma de ele, con un patio empedrado, fuentes y jardines. Más allá, en el bosque de madroños, estaba la piscina redonda con macetas de flores alrededor. Un lugar encantado. En la parte baja de la loma se encontraban las viviendas para el alumnado y también las canchas de básquetbol y tenis. Mis recursos económicos eran pocos y las profesoras me ayudaron en lo que más podían. Mis esfuerzos en lo relativo a estudios me ganaron el aprecio de todos. Teníamos grandes maestros. La disciplina rígida nos formó desde el principio en la responsabilidad y en el respeto como partes integrantes de nuestra conciencia como educadoras futuras.

En el último año fui nombrada directora de la revista del colegio, capitana del equipo de baloncesto y coreógrafa del escenario donde presentábamos obras teatrales. En uno de los juegos intercolegiales la Normal invitó al maestro Valencia, que era en esa época un benefactor importante ya que su familia regaló esa gran finca para organizar la Normal de maestras. En el campo de básquet, él sentado con otros dignatarios, se levantó para saludar a nuestro equipo. Se acercó a mí y me tocó la cabeza, en un gesto que no podría explicar pero que me causó mucha emoción; yo sabía quién era él, había leído sus poesías. En los años setenta viajé a Popayán con mi familia, y visitamos el museo de su casa en esa ciudad; allí encontré en uno de los salones el busto del poeta esculpido en mármol. Le toqué la cabeza y la corona como lo hizo él en mis años de Normal.

Los cuatro años pasados en este templo del saber estuvieron rodeados de magia. El internado nos programó para vivir en un ambiente nunca imaginado. Cinco jornadas diarias de estudios hasta las seis de la tarde nos prepararon no solamente para la vida, sino para saber vivir.

Cuando en julio salí a vacaciones, realicé el mismo recorrido de Popayán a Tumaco. Al llegar me topé con varias novedades. Mi madre estaba instalada en un nuevo almacén. Mis hermanos estudiaban. Entonces sentí la tentación de visitar a una sobrina de mi padre, que vivía en el Mataje, río y cacerío entre Colombia y Ecuador. Río de oro aún sin descubrir. Mi madre me permitió ir con una prima de quince años: Elsie, hija de mi tío Enrique.

Viaje al río Mataje

A mi prima, Elsie Quiñónez, oriunda del Ecuador, la había conocido el año anterior y cuando regresé de la Normal ella ya tenía planeado su viaje, pero por mar. Convinimos en que conmigo sería mejor viajar por el río Mira y luego por la selva para ganar tiempo. Lejos estábamos de presentir las dificultades y peligros que entrañaría ese viaje.

El día anterior a nuestra marcha mi madre arregló mi pequeño maletín con refrigerios: panela, queso, pan, carne ahumada y pescado seco ahumado, algunas frutas. Llevamos botas y ropa de algodón. El rosario y un escapulario en el cuello. Sombrero de paja y remedios para las picadas de bichos extraños.

Salimos desde El Pindo en el mismo tren viejo y oxidado que me llevó al Diviso nueve meses antes. Viajamos hasta un paradero en medio del monte. Elsie conocía el camino a seguir. Allí, en una soledad impresionante, empezamos a caminar casi durante una hora por entre arbustos, potreros, monte. Caminos que parecían barriales dejados por la lluvia. Hacía un sol de desierto.

Cuando llegamos al río Mira divisamos algunas canoas amarradas a postes, con hombres sentados detrás fumando sus cachimbas. Al vernos, su sorpresa fue grande. Armaron una gran bulla y en su lenguaje, de palabras cortadas, parecían preguntarnos hacia dónde nos dirigíamos. Un negro flaco y sin dientes, con ropa destrozada, se acercó.

"Yo soy Juan, el guía", dijo a manera de saludo, y añadió: "Para doña Lesita."

Nos recibió los maletines y los llevó a su canoa; "¡Mínima!", pensé. Nos sentamos en el fondo y pasamos el río, el más hermoso que había visto. Sus aguas se deslizaban dóciles y mansas, sin turbulencia ni ruido de piedras; los colores, prestados a la exuberante vegetación de sus orillas, lo hacían lucir como un encantamiento.

Al llegar, el guía colocó entre la canoa y la orilla un tronco a manera de puente y pudimos desembarcar sin mojarnos. En seguida nos llevó a su casita de guadua picada, parada en pilotes de mangle; típica de las costas del Pacífico. Subimos por la escalera de guadua y allí, en el único salón, estaban su mujer y dos muchachos, tímidos, semidesnudos. En el suelo habían colocado un mantel blanco y dos platos con sancocho (plato de la costa a base de plátano, yuca y pescado) y dos cucharas. Comimos ansiosamente; estábamos hambrientas. Paseamos luego por la orilla del río hasta que los zancudos nos corrieron. Esa noche dormimos en petates con toldillos.

A las cinco de la mañana salimos Elsie, el guía y yo. No habíamos preguntado nada acerca del camino ni del tiempo. Todo sería una sorpresa, y ¡qué sorpresa!

Con la frescura del amanecer caminábamos felices detrás del guía. Pero luego el sol empezó a calentar y nos quemaba. Al principio había claros en la planicie llena de monte alto, con caminitos de agua. Luego nos adentramos en una vegetación tupida, donde los caminos se perdían y de pronto entramos en un santuario de árboles inmensos donde la oscuridad era casi total. El guía cogió entonces unas estacas de armazones del camino y nos hizo con ellas dos bastones a cada una. Los necesitábamos; las botas se enterraban en ese barro eterno y se quedaban allí sembradas. Elsie continuó con ellas; yo pensaba en la culebras.

El guía, Juan, llevaba un machete en la mano "por si acaso una sorpresa", decía riéndose, mientras masticaba tabaco.

La humedad, el sofoque, el barrial, la oscuridad, los ruidos extraños de selva nos habían tomado por sorpresa. Elsie y yo estábamos confundidas y aterradas; nos sentíamos miserables. Obstinadamente buscábamos el cielo. Era en vano: las copas gigantes de los árboles no dejaban penetrar los rayos del sol. Reinaba un silencio opresivo. De esta manera caminamos durante horas. Atravesamos riachuelos extendidos que se perdían entre hojarascas y troncos caídos. A ratos nos rendíamos, y haciendo un alto en nuestra marcha nos deteníamos en algún riachuelo para enfriar la hoguera de nuestros cuerpos embarrados y sudorosos. Las criaturas de la selva nos causaban desasosiego. Sapos gigantes nos miraban curiosos; aves negras volaban entre el ramaje, y algunos rayos de sol atrapados entre el follaje formaban abanicos de humo en las bóvedas de la selva.

Pero, poco a poco, después de caminar durante horas, salimos a un claro donde los árboles habían sido derribados. Juan empezó a caminar rápido; el sol ya se estaba ocultando.

Llegamos a unos potreros donde había un arroyo. Allí nos lavamos lo más que pudimos; cabeza, cara, brazos, piernas y botas. Nuestra ropa estaba "desguañangada" y sucia. Sentíamos un gran cansancio. No obstante, caminamos una hora más hasta que el guía dijo alegremente: "¡La casa de doña Lola!", y la mostró con las dos manos. Estaba oscuro, pero se veía una luz en una ventana.

Cuando nos acercamos los perros ladraron. Una voz dijo desde el balcón:

—¿Quién anda por ahí?

—El guía Juan, doña Lola, y su hermanita que viene de Tumaco —contestó Juan.

En ese momento, Elsie también empezó a llamar a Lola. Esta regresó con una lámpara de petróleo, y entonces nos vio; lucíamos terribles.

Subimos por una escalera situada en la mitad de la casa y nos sentamos en el corredor.

Lola nos trajo café caliente y pan de coco. Ella nos esperaba por mar, en dos días. Esa noche no dormí. Tenía fiebres y fríos y así permanecí como cinco días. Tomé aspirinas, pero no me dieron alivio. Entonces trajeron al yerbatero, que me bañó con hierbas que tenían una mezcla de olores pronunciados: tabaco, aguardiente, ajonjolí, matarratón, llantén, romero y quién sabe que más. Según él, los malos espíritus de la manigua me habían embrujado.

Cuando me curé empezamos a disfrutar realmente nuestra excursión. Aprendimos a lavar oro en bateas de madera; cogíamos agua del río y arena de sus orillas; la batíamos hasta que encontrábamos, con gran emoción, las pepitas de oro que quedaban en el fondo luego que la arena casi había desaparecido.

Otros días caminábamos por la orilla del Mataje. Las grandes y pequeñas piedras que le servían de lecho formaban cascadas bulliciosas por todas partes. Visitamos villorrios diseminados aquí y allá, con campesinos amables. Montamos a caballo bordeando el río hasta los remansos donde nadamos, como si estuviésemos en un paraíso.

Lolita tenía quizá cuarenta y cinco años. Una mujer diferente de las que yo había conocido. Vivía allí, sola en esa casa primitiva. En la parte baja tenía su tienda: petróleo, tabaco, telas, sal, etc., que cambiaba por oro a las gentes del Mataje. Pesaba el oro en una pequeña balanza de gramos. En los potreros tenía vacunos y caballos. Alrededor de la casa, sembrados de arroz, yuca y plátanos. Vivió muchos años. Estaba adicta al oro, como toda la familia Quiñónez, excepto mi padre. Recuerdo que decía: "No podría vivir sin el ruido del río y el paisaje de las piedras". Quizá murió allá.

Después de veinte días regresamos a Tumaco, pero esta vez por mar. Fuimos rodeando el río a caballo por una hora, luego salimos por un caserío hasta un estero; allí tomamos una canoa con un boga, quemado por el sol y la sal del mar. Salimos al mar después de otra hora de manejar la canoa entre manglares. La bocana estaba agitada. Un mar violento nos recibió. La embarcación subía y bajaba como si fuese un columpio. Dos horas por este mar embravecido hasta que divisamos Tumaco, allá en la lejanía. El viaje duró una eternidad, por el problema de los vientos y el oleaje embravecido que nos mantuvo prendidas con manos, pies y existencia a la canoa. El silencio era opresivo. Todos callados, hasta que llegamos a la costa, mojados y pálidos del susto.

En mis segundas vacaciones me quedé en Pasto donde una amiga de mi padre: la Pina Mora. Muy simpática, interesante; tendría cuarenta años. No era atractiva, pero tenía un alma bella y descomplicada. En otras vacaciones me quedé en la Normal. Estaba permitido, porque había alumnas del Chocó. Éramos ocho alumnas y dos profesoras. Tenía clases de pintura y clases de natación sincronizada, y creo que me leí toda la biblioteca de la Normal y escuché en la vitrola todos los discos clásicos de esa época. Así aprendí a querer y a apreciar la música clásica. Mi preferida, la música barroca de Vivaldi y Bach. Jugábamos voleibol y cartas. Nadábamos en piscina circular; hacíamos paseos a las lomas y pueblos cercanos a Popayán. Tres días a la semana enseñábamos en la anexa, una escuelita que quedaba en uno de los salones de la Normal. Esto nos servía para el grado final.

El tiempo pasó rápido y mi decisión de quedarme en la Normal sin salir de vacaciones se debió a que mi madre estaba en un período de vacas flacas. Había perdido su almacén y apenas empezaba a administrar una pequeña tienda. Cuando terminé mis estudios lloré calladamente. Ese mundo maravilloso en donde había vivido tantas nuevas experiencias iba a esfurmarse; ahora me tocaría crear mi propio mundo. ¿Cómo sería el mañana? ¿Y cuál sería? La familia de mis años de estudio se iría poco a poco disipando en la ausencia y luego en el olvido. ¿Sería la última vez que viajaría en camión?

Mi regreso

En el viaje de regreso permanecí durante dos meses en la casa de Pina Mora. En esta ocasión me encontré de nuevo con mi padre. En las vacaciones de años anteriores tuvimos oportunidad de conocernos, de apreciarnos y más que todo, de sentirnos familia. En este viaje, ya terminados mis estudios, me quedé unos días con él. Me llevó a conocer sus negocios: fábrica de muebles y empacadora de café. Me contó del terrible accidente de sus sobrinas donde murieron las dos. Habían salido veinticinco personas, con músicos y ayudantes a un paseo marino a Boca Grande. Un lugar de arena blanca y olas gigantes, cerca de Tumaco.

La lancha se volcó con su carga humana. Las olas la llevaron en tumbos hasta el fondo del mar. Ocho personas se salvaron. Las dos hijas de Mercedes y Pablo Sánchez se ahogaron y a otros nunca los encontraron.

Días después regresé a la isla. Mi madre me esperaba. La vida era todavía muy dura para ella. En la casa del puente vendía algunos productos y cosía ropa para los almacenes de mis tías. Con estas actividades solventaba su frugal economía.

Un día llegó mi diploma, firmado por Germán Arciniegas, Ministro de Educación. Mi "Trofeo". Él fue desde entonces como un estandarte para la búsqueda de empleos. Al día siguiente me fui a la Alcaldía con mi diploma. Me sentía muy alta y madura delante del Alcalde, pero no había vacantes para señoritas sin experiencia y sin padrinos influyentes, y las escuelas públicas estaban desde hace años tomadas por los mismos maestros. En las Betlehemitas donde yo estudié eran las monjas las encargadas de la educación. Total que me dieron a escoger entre las escuelas que hacía cinco, cuatro o dos años que buscaban un maestro para cada una de ellas.

San Antonio – Nariño – Colombia

Me decidí por San Antonio, una población del departamento de Nariño, el pueblito más cercano a Tumaco. Mi madre me acompañaría por unos meses. No tenía idea dónde quedaba; sabía sí, que estaba situado cerca de un estero, pero ¿dónde? Mas no había por qué preocuparse; un hombre vendría por nosotras a fines de agosto. Y sin más, empezamos a organizar nuestras cosas para pasar allá unos cuantos meses.

Un día, a las cinco de la mañana, partimos en una canoa cómoda, pero angosta. Llevábamos muchas cajas y nos acomodamos entre ellas; no quedaba mucho espacio. El boga era un hombre negro como una noche sin luna ni luceros. Su rostro cincelado como un guardia núbil del Faraón y sus dientes del color de la leche. Alegre y experto con su canalete y con una voz sonora para entretener a las pasajeras.

Atrás fueron quedando las islas como envueltas en bruma. Entramos en mar abierto donde el oleaje era increíblemente movido. "Los tiburones están en vacaciones" –dijo el boga, mostrando su dentadura de marfil– "Es hora de cantar, para que se les vaya el miedo" –añadió, y ayudándose con el sonido que producía con sus manos, empezó a entonar con su voz varonil–: "El pescador se fue a la mar, lleva consigo una bella canción. Lleva consigo una bella canción…" –y luego otros cantos negroides de esperanza y dolor, de ilusiones que se van…

Con mi madre y yo casi no oíamos sus lamentos. En esa inmensidad amenazante nos sentíamos como granos de arena. Cielo y mar nada más.

Al llegar al estero dimos un gran suspiro. ¡Qué alivio! Ahora la canoa se deslizaba majestuosa en las aguas tranquilas del estero sin nombre. Apenas si se oía el ruidito del canalete al entrar y salir del agua. Las sombras de los manglares creaban paisajes surrealistas sobre las aguas misteriosas de esta avenida de manglares.

Aguas sin fondo que se meten suavemente entre el raicero de los manglares.

El boga entona sus canciones del terruño, sencillas y tristes. De vez en cuando da un grito semejante a algún pájaro nocturno; una imitación espeluznante. "Para espantar los fantasmas de los manglares", nos explica, esta vez serio. Por fin llegamos a un villorrio. "Aquí está San Antonio" –dijo el boga y añadió riéndose a carcajadas–: "Al frente la mansión Antonina".

Recuerdo que sentí desconcierto y pensé: "El pueblo debe estar más allá". Solamente divisábamos la casa del balcón, pintada de verde; abajo una tienda, dos casitas a lado y lado, y nada más. Pero no había nada qué hacer, esa era nuestra casa, es decir, la parte alta destinada a la maestra.

Subimos por una escalera exterior. Había un salón grande, dos alcobas, una cocina primitiva con fogón de leña y una mesita. Lo mejor eran el balcón y la azotea. Desde el balcón se divisaba el otro lado del estero con entradas y algunos potreros con vacas, casitas escondidas entre matorrales y árboles de flores rojas. Había dos camas de tablas y petates y una hamaca en el balcón.

El boga subió todas nuestras cajas. Estábamos rendidas, caímos como paquetes a dormir, y esa noche no sentimos los insectos. Al otro día nos desayunamos con pan y aguapanela, y en seguida empezamos a desempacar nuestras cajas. Por la tarde fuimos a buscar el pueblo y la escuela. Encontramos la escuela, pero no el pueblo. San Antonio era un conjunto de casas diseminadas por entre esteros, montes, sembrados de plátanos, fincas cercanas y lejanas.

Subimos a la escuela, una especie de barraca. Dos años sin maestra; se notaba el abandono: tablas caídas, tablero lleno de telarañas, pupitres, o mejor, bancas en completo desorden; las puertas desgonzadas; el techo de zinc con huecos por donde se filtraba la lluvia. Había sí, una mesa. Alrededor de la escuela una cantidad de matorrales. No había calles.

Mi primera escuela... tan diferente de las que visité en el Cauca, en Popayán; de las que visité en Tumaco. Este era un mundo olvidado de Nariño, de Colombia. Me sentía desilusionada. Mi madre quería que nos regresáramos a Tumaco. Sin embargo, me sobrepuse. Con ella y un muchacho de la tienda organizamos la escuela. Un padre de familia tapó los huecos del zinc. Pintamos las bancas y el tablero y las puertas. Cuando vinieron las madres y algunos padres con sus hijos, me di cuenta de que ésta sería una batalla perdida. Se quejaron del Gobierno por el asunto de la salud. Que los tenían abandonados; que en la escuela no había tiza para el tablero; que los maestros se aburrían pues el pago era como de chiste, no alcanzaba para comer. Casi todos los pobladores eran de raza negra. Vivían de la pesca y de sembrados de yuca, plátano, arroz y frutas. Había niños de todas las edades. Algunos sabían leer un poco.

¿Dónde habían ido a parar mis sueños? En la Normal fui preparada para escuelas donde no faltaría nada, pueblos donde existiría algo de progreso. La pedagogía, la psicología, los programas de Bogotá, del Ministerio ¿cómo podrían aplicarse aquí? Pobres niños descalzos, desnutridos, que no sabían nada del mundo que existía más allá de sus esteros. ¡El estero, por así decirlo, era el centro del universo! Niños olvidados de la sociedad política y urbana. Como colombianos tenían el derecho de ser educados y sus maestros debían de ser los mejores pagados de la nación, pero otra muy distinta era la realidad. Tuve como veinticinco alumnos. En las clases aprendí de sus vidas, de sus hogares, de su alimentación, de su higiene y de tantas otras costumbres, algunas incomprensibles para mí.

Unos seis niños sabían leer; otros, ya de diez a doce años, no tenían conocimiento alguno de letras o números. Sus familias eran el centro de sus vidas. Se ayudaban los unos a los otros y cuando alguien moría venían en sus canoas al velorio. Cantaban y recitaban oraciones desconocidas para mí. Cuando se enfermaba alguien aparecían los yerbateros, y todos los vecinos hacían sahumerios e imploraban a sus dioses por su recuperación. Celebraban ciertas ocasiones como el fin de las cosechas, las subiendas de peces, los cumpleaños de niños y ancianos. Algunos de los pobladores viajaban a Tumaco a vender sus cosechas, y regresaban con novedades.

Conversando con mi madre y analizando esta nueva vida sacamos varias cosas en conclusión; su alimentación era buena: tenían gallinas y vacas, cacería de monte, peces y cangrejos, plátanos, y yuca, arroz, proteínas, harinas y todas las vitaminas encontradas en la riqueza de las frutas. El agua la recogían de las lluvias y de los pozos que hacían. Las casas sin neveras, sin electricidad, usaban lámparas de queroseno. Las carnes las secaban al sol o al humo y los peses los consumían siempre frescos. El coco lo usaban como leche para alimentarse. Pero faltaba la educación. Me cuestioné si ésta les sería de utilidad. Estas gentes vivían una existencia simple y descomplicada y a su manera eran felices. Me di cuenta entonces de que el verdadero problema en San Antonio era yo. Después de permanecer un mes acompañándome, mi madre se fue a Tumaco. Me quedé sola y triste.

Comía mal y empecé a adelgazar. Sufría de ansiedad. En la hamaca empecé a desbaratar mi vida. ¿Sería capaz de terminar el año escolar? No tenía material para enseñar. Ansiaba empezar a crear mi propio mundo, pero aquí sería imposible. El 15 de diciembre iría a Tumaco a pasar las vacaciones de Navidad. Tomé entonces una decisión dolorosa pero sabia. Debía salir de este sitio antes de que el sentimentalismo se adueñara de mí. Tenía casi dieciocho años, había un mundo por descubrir, por explorar, no podía sepultarme en aquel lugar olvidado. Empaqué lo que iba a necesitar, el resto lo dejé para el nuevo maestro.

No me despedí. No quise arriesgarme a cambiar de opinión. Realicé el viaje de regreso con el mismo boga. Me sentí miserable esa noche y durante el viaje.

Ya en Tumaco escribí a mi padre una carta larga, explicándole lo de San Antonio y mis deseos de ir a Pasto a buscar empleo. Mi padre contestó pronto. Estaba de acuerdo con mi decisión. En Pasto viviría con Olga de Molina, una sobrina suya, natural del Ecuador, hija de mi tío Gilberto. Olga de Molina estaba casada con Carlos Molina y tenía dos hijos.

Pasto

Cuando llegué adonde mi padre, Olga, Carlos y sus dos hijos me esperaban. Desde el primer instante sentí un cariño sincero por esta familia. Olga, diminuta, muy clara de piel, con cabellos del color de la canela, cara redonda y una sonrisa permanente, respiraba ternura.

Nos invitaron a almorzar. Me mostraron mi pieza con un armario antiguo y una cama igual. La ventana daba a un patio interior con muchas flores. Una casa grande de dos pisos. Yo me quedaría en el primer piso. Me sentí acogida desde el primer día. Olga me acompaño a buscar trabajo. La búsqueda me llevó miles de veces a la Gobernación. Después de casi un año de espera, me di cuenta de que tenía que aceptar una posición fuera de la ciudad.

Mientras tanto, Carlos invitaba a sus famosos almuerzos a colegas solteros de su oficina de contabilidad de la Zona de Carreteras, donde él trabajaba. Entre estos, Jesús Jurado empezó a invitarme a menudo al cine, donde su familia y a paseos con los Molina. Hombre joven, bien parecido, pero nada extraordinario en su personalidad. Venía de una familia numerosa y acogedora de Pasto. Carlos y Olga pensaban que sería el esposo ideal y así fue como un día nos comprometimos con argollas y planes de casamiento. Inclusive compró algunos muebles, que conservo aún donde una hermana.

Llamé a mi padre y le conté sobre este compromiso. Nos invitó a visitarlo. Jesús mencionó que quería casarse lo más pronto posible, en un mes. Mi padre me miró; estudiaba mis reacciones y se dio cuenta de que no había fuego en ese romance, que no estaba lista para casarme. Entonces le dijo: "Jesús, sería muy conveniente si esperan seis meses. Para entonces, si todo va bien, cuentan con mi bendición". Estuvimos de acuerdo.

En la espera de los seis meses llegó un nombramiento de maestra para una escuela en Buesaco, un pueblo a dos horas de Pasto, hacia el norte, en la carretera a Popayán. Con Carlos y Olga fuimos a Buesaco. Carlos, inclusive, ya conocía a doña Rosalía, la dueña de la única pensión, situada en la placita del pueblo. La escuelita tenía dos maestras, hasta el cuarto grado.

Una semana después, en agosto, ya estaba instalada en la pieza de doña Rosalía, quien sería mi chaperona por encargo de Olga, Carlos y mi padre. En su alcoba había dos camas y una mesa larga, donde en canastas muy grandes se guardaba el pan que se horneaba cada día para la venta. Dormíamos con el aroma de los pandebonos, tostadas, pan blanco y otros. Pero esa primera noche no dormí. Pensaba en San Antonio, en la isla, en Pasto y en mi casi matrimonio, que ahora sabía nunca sería realidad.

Al día siguiente vino a visitarme la otra profesora, veterana de muchos años en la escuela del pueblo. Se sorprendió de mi juventud. Ella tendría cuarenta y cinco años. Me llevó a la escuela y a conocer el pueblo. Me presentó al párroco, al alcalde y a otros personajes importantes del pueblo. Buesaco, como muchos pueblos de Colombia, estaba construido sobre el borde de la carretera principal donde fueron surgiendo sin planificación casas y negocios. En su plaza empedrada quedaba la iglesia, la casa cural y la alcaldía. Los habitantes usaban ruanas, capas típicas de los pueblos de clima frío. La pensión era una casa grande hacia el interior, con una sola puerta de dos naves anchas. En la entrada a la tienda, donde se vendían artículos de primera necesidad, había dos vitrinas: en una, pan y pasteles; en la otra suvenires. Atrás estaba el patio, corredores, piezas y cocina. En septiembre empezamos clases. Las aulas estaban provistas de los necesario para enseñar. Me correspondía el primero y segundo grado. No había mucho qué hacer en este pueblo. Leía en mis ratos libres.

En la pensión se servían comidas a los viajeros y a algunos clientes del pueblo. El párroco venía a menudo a tomar sus aperitivos, como él llamaba a sus copas de aguardiente. Un hombre alto, fornido, con un rostro grande, típico de ciertas regiones de Nariño; cabellos hirsutos, nariz grande y ojos traviesos y pequeños para su rostro enorme. Su edad, tal vez los cuarenta. Otro visitante asiduo era un militar que venía a caballo, con su traje de teniente de caballería. Tendría unos treinta y seis años. Un hombre flaco, con un físico de persona que vive a la intemperie; de gesto duro; serio, muy serio, pero de conversación muy interesante. Me gustaba conversar con él, y con Leonor, la hija de doña Rosalía, nos sentábamos a oír sus aventuras de soldado; parecía que ella le atraía. Leonor era muy linda, de ojos verdes y un hermoso color dorado en la piel y en los cabellos. Estaba casada con un maestro de escuela muy diferente del esposo que yo imaginaba para ella, una mujer tan alegre, con tan buen sentido del humor y con un costal repleto de ambiciones. Pero al final me di cuenta de que era yo la que atraía al militar, aunque él nunca dijo nada, probablemente porque era casado. Vivía en la hacienda de la familia, cerca de Buesaco, y parece estaba retirado del Ejército.

El escándalo

Un día cualquiera se sucedieron una cadena de eventos que cambiaron mi vida en ese pueblo para siempre. Era un día sin sol, había nubarrones con presagio de lluvias. Cuando regresé de la escuela, en la tienda estaban el párroco y Eduardo Jurado recostados a la vitrina con copitas de aguardiente en las manos, otras vacías encima del mueble. El caballo negro, bellísimo, del militar estaba amarrado a una de las columnas. Entré, saludé, y me detuve cuando me brindaron una gaseosa. De pronto, sin mediar ninguna conversación, el párroco dice: "¡Esta maestra tiene muy bonitas las partes bajeras!". Eduardo, que así se llamaba el militar, alzó la fusta y empezó a darle al párroco por donde lo alcanzaba. Le increpaba que era un sacerdote atrevido y sinvergüenza, una desgracia para Buesaco. El párroco salió corriendo por la plaza y Eduardo lo persiguió hasta que llegaron a la casa cural; ambos entraron por el zaguán y los gritos del padre por la ventana hicieron que las gentes de las tiendas acudieran y se agolparan frente a la casa del párroco. Vino la policía y sacaron a Eduardo y a los que defendían al agredido. Las gentes de Buesaco querían linchar al militar, pero la policía se lo llevó y lo encerró. Con doña Rosalía y su hija mirábamos desde la tienda, consternadas. Al día siguiente llegaron dos carros negros de la policía de Pasto y se llevaron a Eduardo. Esa fue la última vez que lo vi.

Las consecuencias no se hicieron esperar. Desde Pasto me llamaban, primero Olga y luego mi padre. El escándalo apareció en los periódicos de la capital en grandes titulares: "Hijo del gobernador en broncas con el cura de Buesaco". En otro: "Duelo entre el teniente Jurado y el párroco por una maestra de Buesaco". Por radio las noticias eran aun más detalladas. Al párroco lo trataban de fresco y atrevido; al hijo del gobernador, de caballero de la Edad Media sin lanza pero con fusta, como don Quijote defendiendo a Dulcinea. Yo me escondí por unos días. Nunca volví a ver al párroco. Creo que se fue de vacaciones o a algún retiro espiritual enviado por la curia. Olga creía que iba a perder mi trabajo por este escándalo, al que en realidad en nada había contribuido.

Mientras tanto, el romance con Jesús Jurado se enfrió y le devolví su anillo de compromiso. A Olga y a Carlos les pareció increíble que perdiera semejante oportunidad. Mi padre, en cambio, me comentó: "Usted es demasiado mujer para ese Jesús, y él demasiado poco para esta Ligia".

En esos días esperaba el correo con el terror de ser guillotinada por el Departamento de Educación. Para colmo, me caí cerca de la escuela y me dañé los ligamentos del tobillo. ¡Qué calamidad! No obstante, traté de superar mi situación. Conseguí un "sobador" al que iba todas las tardes, después de las clases. Dolía terriblemente, pero poco a poco fui mejorando. Un día llegó inesperadamente el evento que marcaría mi vida para siempre. Quién iba a pensar que en este pueblo enclavado en las montañas del Macizo Colombiano empezaría a crear ese mundo que tanto ansiaba construir. Desde entonces he observado que el destino llega camuflado en formas extrañas, incomprensibles y atrevidas muchas de las veces. La mente abierta las recibe como si fuesen sucesos mágicos, y nos dejamos atrapar por su áurea sin preguntas, pero sí con cierta curiosidad y con una intuición inteligente. No he buscado la suerte ni el destino. Estos me encontraron, y yo creé una simbiosis con ellos.

Parte II

Primer matrimonio

El encuentro

T ENÍA QUE SER UN SÁBADO, porque no había clases. El sobador vivía a dos cuadras de la pensión en la calle de la escuela. Le había dicho que el sábado iría temprano. Ese día no tenía nada para hacer. Me vestí con un traje verde y blanco, mi favorito. Me miré al espejo. Mis mejillas estaban sonrosadas por el frío. Salí por el patio con andar lento y difícil por el problema del pie. Cuando llegué a la tienda, el obligado camino hacia mi destino, sentí voces: unos hombres entraban riéndose y bromeando. Eran tres. En un suspiro me escondí detrás de la vitrina de suvenires, pero "él" me vio y se fue adonde yo estaba.

–Venga le presento a mis amigos –me dijo. Se quitó el sombrerito y me estrechó la mano en un saludo cordial.

Salí. Estaba fastidiada. Pensé que estaban ebrios. Me excusé y salí a mi cita con el sobador.

Cuando regresé a la pensión los hombres todavía estaban allí. Esta vez con doña Rosalía, sentados en una mesa en el corredor del patio que hacía las veces de comedor. Conversaban animadamente. Había platos y cervezas en varias mesas. Traté de pasar desapercibida. Me sintieron, y doña Rosalía me llamó. Otra vez la presentación; ya sabían quién era yo, y qué hacía, etc.

"¡Viejos borrachos!", pensé y traté de escabullirme. Eran tres ingenieros. Dos querían marcharse y estaban molestos. El otro, el más joven, los detenía; parecía que tenían que viajar a Bogotá. Doña Rosalía me dijo:

–El doctor Guillermo Rebolledo es el director de las carreteras del departamento. Vienen de visitar un puente.

Él me miraba fijamente con grandes ojos enmarcados con unas cejas pobladas. Vestía de caqui y botas de cuero. Usaba un sombrerito también caqui. Al fin, después de algunas preguntas sobre el accidente de mi pie, sobre la escuela, sobre Carlos y Olga, el doctor Rebolledo decidió despedirse, no sin antes regalarme un abanico de colores de la vitrina de la tienda con la promesa de visitarme pronto. Los otros ingenieros esperaban en el carro con el chofer de Guillermo.

Con doña Rosalía nos quedamos hablando de ese encuentro. Me dijo que el doctor Rebolledo había preguntado mucho sobre mí; que era un soltero empedernido. Ya sabía que Carlos trabajaba de contador en sus oficinas bajo su mando. El día lunes recibí un telegrama de Guillermo. Sólo decía: "Pensándola. G.R.". El martes, cuando salí de la escuela, estaba esperándome con doña Rosalía en una mesita del fondo; tomaba café. Lo saludé, me ofreció una silla y me dio varios regalos: frutas, nueces, galletas, colaciones y flores. Estaba abrumada. Él lucía sereno. Me gustó su actitud. Doña Rosalía nos dejó solos. Conversamos de su trabajo actual. Tantas experiencias en su labor de ingeniero y en diferentes ramas del Ministerio de Obras Públicas. Había vivido en varios departamentos y ahora en Nariño. Me di cuenta de que era un hombre tierno, atento, que amaba su profesión y tenía un espíritu inquieto, aventurero. Me preguntó si tenía novio. Le dije que estuve comprometida por poco tiempo y que tenía algunos admiradores, pero nada serio. Guillermo quería seguir visitándome. ¿Con qué objeto? Después del escándalo tenía cierto temor a los cuentos, siendo que yo era maestra. Él ya conocía lo del párroco y pensaba que no era mi culpa.

En las visitas y llamadas por teléfono, que fueron muy a menudo, me di cuenta de que de verdad estaba interesado en mí. Me habló de su familia en Andalucía y Cali. Era un hombre tierno y aunque tenía bastantes años comparados con los míos, no se le notaban. De regular estatura, quemado por muchos soles a la intemperie trazando ferrocarriles, carreteras y puentes por toda la geografía de Colombia. Delgado y muy derecho, lucía una temprana calvicie que él cubría con su sombrerito de corduroy o caqui. Era un hombre atractivo con su semblante moruno; quizá en sus antepasados hubo árabes. Su familia era originaria de Burgos, en España, y en su genealogía figuraban ancestros relacionados con Simón Bolívar, el Padre de la Patria. Había nacido del hogar formado por Lisandro Rebolledo y Trinidad Zúñiga, oriundos de Andalucía, en el Valle. Tenía cuatro hermanas y un hermano médico.

Cuando le conocí nunca imaginé que con él jugaría un papel tan trascendente en la historia de mi vida. Llegó a mi existencia como una ráfaga de viento, y yo me fui enredada en su vida sin ningún temor, como si fuese una linda aventura. Después de dos meses de visitas, atenciones y coloquios, pensé que sería fantástico vivir a su lado y ser consentida por Guillermo. También sabía de su fama de "solterón", lo que también le añadía cierto atractivo.

Un día llegó por la mañana y me mandó a llamar urgente a la escuela. Dejé de reemplazo a mi compañera de clases y tareas largas a los niños de segundo grado. A los de primero los llevó la maestra a otro salón para supervisarlos.

Cuando llegué, allí estaba él esperándome en nuestra mesita del rincón. Se veía excitado. "Tal vez viene a despedirse, por traslado", pensé. Me tomó de las manos y me dijo que el domingo viajaría a Quito, en Ecuador, y tal vez a Lima, en Perú. Quería que yo le acompañara. No entendí su invitación y lo miré con extrañeza. Él adivinó mi confusión y me dijo:

—Pero antes nos casaremos en Pasto.

—¿Cuándo? —pregunté, todavía sin entender.

—El domingo. Ya tengo todo listo: iglesia, padrinos… —contestó excitadísimo.

—¡La escuela! ¡No tengo nada listo! —exclamé, presa de la sorpresa y la emoción.

Sin soltarme las manos y con voz llena de ternura, Guillermo empezó nuevamente a explicarme sus intenciones. Mirándome con sus ojos expresivos, me dijo:

—Tú eres la esperada. ¿Para qué pensarlo más? —y añadió—: No quiero que nadie se dé cuenta. Esto es entre tú y yo.

Después me explicaría más. Mandaría al chofer a recogerme. Que escribiera una carta de renuncia al Departamento de Educación y avisara al alcalde mi salida inmediata de la escuela.

—No te preocupes por ropa —me dijo, y agregó—: Allá en el Ecuador compraremos lo que necesites.

Y así fue.

Viaje a Pasto y matrimonio

Para el viaje a Pasto a casarme, Guillermo mandó el carro el sábado por la tarde. Doña Rosalía sabía todo sobre el asunto y me ayudó a organizar mi ropa. Nos despedimos para siempre. Nunca la volví a ver. El chofer de confianza del doctor Rebolledo me dijo que iba a ser muy feliz con el doctor, porque era un hombre muy bueno, generoso, una gran persona. Que el doctor le había dicho que me llevara directamente a casa de los padrinos, don Pedro y Rosita Arias, donde me quedaría esa noche.

Cuando llegamos a la casa de los Arias ellos ya me estaban esperando y se sorprendieron mucho de mi juventud, pero no comentaron nada. Muy bellas personas. Dueños de una farmacia, oriundos de Bogotá y muy amigos de Guillermo. No tenían hijos. Aparentaba él unos cincuenta años y ella sesenta. Doña Rosita me llevó a la pieza destinada para mí. Sobre una mesita había un libro misal de nácar, un rosario, una mantilla y una corona de azahares, como las de la primera comunión. Eran para mí. Abrimos mi maleta para buscar un vestido apropiado. No encontrábamos nada; todos más que usados. Al fin nos decidimos por uno gris plata estampado y zapatos negros. Doña Rosita me consiguió medias, y me dijo:

—No se preocupe. En la enorme iglesia de San Felipe seremos solo cinco personas contando al sacerdote. Lo importante es que usted se lleva una persona única que la hará muy feliz.

En esta noche Guillermo, muy elegante, con un suit azul oscuro y corbata roja de rayas, se presentó a la despedida de soltero. Los Arias habían organizado una cena al estilo bogotano. Guillermo me trajo flores y chocolates; ya tenía las argollas con las fechas. Nos retiramos temprano. Guillermo esperaría en la iglesia y el chofer vendría por nosotros. A las cinco y media salimos rumbo a la iglesia de San Felipe, bastante retirada de la ciudad, muy cerca de la casa de la madre de Carlos Molina, esposo de mi prima Olga. Llevaba el misal y el rosario, y de adorno, la mantillita blanca de encaje de seda y la coronita. ¡Nada parecía real! Vivía un sueño.

La iglesia, imponente, enorme, con la solemnidad de las iglesias romanas. El sacerdote y Guillermo me esperaban frente al altar; había cirios y flores a montón; alguien, allá en el coro, tocaba el órgano. Miré varias veces a la entrada. Abrigaba la esperanza de que tal vez, de forma milagrosa, llegaría mi padre; sentí ruidos como si alguien se escondiera detrás de las columnas. Empezó el ritual. Me sentía transfigurada como si no fuera yo sino otra Ligia la que se estaba casando con ese hombre que apenas conocía. Y él, ¿qué pensaría? Miré al Cristo en una esquina, el altar y los ángeles y luego a Guillermo. Lucía transformado. El padre nos leía nuestras obligaciones. Cuando todo terminó, nos felicitó y nos deseó eterna dicha. Los padrinos nos abrazaron. La música del coro todavía siguió sonando cuando salimos de la iglesia. En dos carros nos fuimos hacia la casa de Guillermo. Él vivía en la segunda planta de una casa de ladrillo a la vista, muy moderna. En la primera planta estaban ubicadas sus oficinas. "Mi futuro hogar", pensé. El interior, elegante, bien amoblado, con pisos brillantes de madera; el comedor con mamparas de vidrio semejante a una gran vitrina. Allí estaba la encargada de la cocina, organizando el desayuno.

Nos sentamos con los padrinos, pero antes brindamos con champaña para felicitarnos y desearnos felicidad eterna. Mi maleta ya estaba en el corredor junto con dos de Guillermo. La felicidad estaba a la vista. Guillermo y yo no podíamos creerlo todavía. Me mostró la casa. En la alcoba, una cama antigua con sobrecama amarilla de seda. Un armario antiguo, también de madera muy fina. Una vitrina al otro lado de la ventana y una silla, un diploma y un cuadro con varios personajes presentes tal vez en la inauguración de un puente. El baño muy grande y muy cómodo forrado de azulejos, donde resaltaban las toallas blanquísimas.

A las nueve de la mañana partimos rumbo al Ecuador con el chofer llamado Virgilio Ramos. Llevábamos cobijas para el frío, para cubrirnos las piernas. Guillermo, con su hermosa voz, me iba explicando la historia de los pueblos que atravesábamos. Yo conocía en parte esa carretera. Seguimos después hacia Ipiales y pasamos la frontera a Tulcán, en tierra ecuatoriana. En Otavalo asistimos a la celebración de un matrimonio indígena. Nos unimos al grupo en una danza circular con los indios alicorados de chicha, luciendo unas ropas muy lindas de coloridos extravagantes y hermosos collares que en cantidades adornaban sus cuellos. En Ibarra nos quedamos dos noches; hacía un frío de tundra. Guillermo me compró toda clase de suéteres y abrigos, suvenires y frutas que no conocía. En Quito estuvimos alojados en un lindo hotel, en una pieza que daba a la Plaza Grande en el centro de la ciudad. Desde allí se divisaban los volcanes famosos del Chimborazo y Cotopaxi. Durante el día recorrimos la ciudad colonial, con sus calles empedradas, y visitábamos las iglesias, únicas por su arquitectura del tiempo de la Colonia.

Poco a poco iba conociendo a mi esposo en la intimidad, en la vida compartida minuto a minuto. Sentí su bondad, admiré su integridad, su generosidad, su espíritu, su amor a la vida, su entusiasmo y, más que nada, la nobleza de su carácter. Me sentía protegida para siempre. ¡Tantas emociones encontradas! Atrás quedó todo lo demás, como un evento truncado: la búsqueda de empleo, San Antonio y Buesaco. Guillermo representaba mi único norte.

Cuando regresamos a Pasto ya venía consagrada a su persona. Encontré su vivir simple, pero refinado. Su don de gentes le ganaba amistades en todas partes. Los periódicos registraron nuestro matrimonio. Así, mi padre, Olga y mi familia en Tumaco se dieron cuenta de este suceso. Se ofendieron, desde luego, y me dijeron que era un matrimonio extravagante y extraño realizado en una iglesia vacía y sin contar con nadie de la familia.

Pero ya Guillermo me había explicado el porqué del secreto. En primer lugar, alguien podría decirnos: "El novio te lleva muchos años", o "Esa novia es muy joven para ti". Y por otra parte, hacer la lista de invitados y someterse al estrés de esta clase de ceremonias no estaba en el libro de su vida. "Después de todo, así fue más romántico", me dijo finalmente.

Dejé de flotar en sueños fantásticos y entré en un universo diferente. ¿Cómo habría de saber qué clase de universo?

Manizales

Cuando Guillermo pidió traslado le ofrecieron Manizales, en el departamento de Caldas. Una ciudad trepada en el espinazo de la cordillera, muy cerca del nevado del Ruiz. Todavía no la conocía, pero sabía de estas características por las clases de geografía.

En nuestro viaje hacia Manizales pasamos por Cali, y allí llegamos donde su hermano, el médico Hernán Rebolledo Zúñiga. Éste vivía en una casa enorme con su hermana soltera Rita y una muchacha rubia con acento paisa, de nombre Carola, que ayudaba a Rita en los quehaceres de la casa. Guillermo, orgulloso de mí, me presentó diciendo que había encontrado al fin la esposa que buscó por años. Desde el primer momento me di cuenta de que al doctor Hernán Rebolledo le caí muy mal. Me recibió diciendo con insolencia que su hermano se había casado con una "negrita tumaqueña", y que había dejado esperando a toda una poetisa, la hija de un senador de Boyacá. Cuando se expresó así, Guillermo no estaba presente, pues se encontraba saludando a su hermana en el corredor de la casa. Ignoré su sarcasmo. Este hombre no me conocía en absoluto. Su hermana Rita, en cambio, me acogió con cariño y a manera de disculpa me dijo que Hernán estaba molesto porque Guillermo no le había consultado ni avisado sobre su matrimonio. Que el doctor Hernán era el jefe del clan y manejaba la vida de todos, pero que con Guillermo no pudo nunca.

La visita fue corta. Nos fuimos a Andalucía, un pueblo cercano a Tuluá. Allí conocí a Laura, Rosa y María y sus respectivas familias. Guillermo estaba feliz, cariñoso y atento; su familia lo quería y esto se traslucía en el trato para con él y para conmigo.

El viaje a Manizales fue muy entretenido. La tierra del departamento cafetero con sus colinas, montañas, niebla y verdes de toda clase formaba paisajes llamativos. Manizales me pareció interesante y única con sus cuestas y bajadas tremendas, sus casas de un piso por la fachada y dos y tres pisos en la parte trasera. Conseguimos la primera casa en un barrio residencial; mis vecinos eran gente notable de la ciudad, entre ellos las hermanas Avendaño, tías de Gilberto Alzate Avendaño, político importante en el Senado de la nación.

Nos instalamos sin muchos muebles. Los habíamos ordenado en Pasto y tomaron buen tiempo para llegar. Entre tanto, ya esperaba mi primera hija. Manizales tenía un clima variante, pero en general frío, húmedo y nublado por las mañanas. Los habitantes usaban ropa apropiada para este clima y las damas elegantes usaban sombreros, guantes y trajes sastre.

Pronto empezaron a llegar las invitaciones a eventos sociales, almuerzos y cenas, como también a recepciones en casa del gobernador, José Restrepo, y en el club Manizales. Las hermanas Avendaño me asesoraron en la compra de mis primeros trajes sociales. Para las veladas de noche vestidos largos o de coctel, y otros más sencillos para los almuerzos. Necesité todo un armario lleno de variados vestidos para las diversas ocasiones. En casa del gobernador, muy linda y elegante, de estilo español, se ofrecían cenas frecuentes para recibir a políticos de Bogotá y a diplomáticos. En esas reuniones se hablaba de todo, muchos temas que yo no conocía, asuntos mundiales, política de gobierno, chismes de ministerios, filosofía, literatura, etc. Se citaban en la conversación frases de escritores famosos, se recitaba poesía de poetas franceses, rusos, españoles.

Cuando nos invitaron para saludar a Barrenechea, embajador de Chile en Colombia, se declamaron varios poemas de Pablo Neruda, el famoso bardo chileno. En la mesa principal del club

Manizales, con el comandante del ejército acantonado allí y otros dignatarios, Guillermo y yo éramos siempre invitados de honor. Eran reuniones amenas y llenas de intelectualidad. Yo escuchaba fascinada las conversaciones. No podía contribuir en nada; eso solo pude hacerlo muchos años después cuando ya había metido en mi cabeza unas cuantas docenas de los clásicos y me había empapado en las políticas universales y del país.

Cuando iba a nacer mi primera hija, Triny, nos fuimos a vivir frente a la casa del gobernador de Caldas. Nuestros vecinos eran el mayor Jaime Lozano Bahamón y su esposa Nancy. El mayor fue más tarde comandante de la Guardia Presidencial, general del Ejército y gobernador del Huila. Yo fui madrina de su hija Florencia.

El trabajo llenaba el tiempo de Guillermo y en sus ratos libres jugaba bacará en el club con sus amigos. En Manizales nació mi segunda hija, Helena. Mis cuñadas vinieron a hacerme compañía en esa época feliz. Guillermo estaba arrebatado como padre. Nos consentía con regalos y atenciones. Por aquel tiempo empezó a tener la presión alta. No le prestó importancia a este asunto y nunca me lo comunicó. Por supuesto, no tenía ningún control en las bebidas ni en la dieta.

Pasamos dos años largos en Manizales, y entonces le ofrecieron a Guillermo una posición en Paz del Río, la siderúrgica de Boyacá, que por aquel entonces estaba en construcción. Junto con nuestras hijas viajamos entonces a Cali a pasar vacaciones y visitar a su familia. Aprovechamos la estadía para comprar una casa en el barrio San Fernando, como inversión. Más tarde compramos otra en Miraflores, al sur de Cali. Como el Gobierno pagaba totalmente los gastos de la casa, carro, chofer y servicio, nos quedaba de su sueldo una cantidad para invertir.

Paz del Río

En Belencito, cerca de la ciudad de Sogamoso, surgió esta gran empresa colombiana cuyos altos hornos se construyeron con la asesoría de ingenieros franceses, americanos, holandeses y colombianos. El dinero para su financiación provino de bancos americanos. Paz del Río es propiedad del Gobierno, y sus accionistas, los ciudadanos colombianos. A Guillermo se le asignó en la empresa de superintendente de vías, transporte y comunicaciones, una labor que estaba por realizarse casi en su totalidad.

Al llegar nos proporcionaron una casa bastante grande rodeada de jardines, situada en la plaza, frente a la iglesia. En ese mismo sector estaban también las casas de los ingenieros que administraban la planta. Un poco más allá, las de los ingenieros de obra y otra clase de personal. Había un casino para los solteros, con restaurante y salón de juegos, y un club de ejecutivos.

En Manizales había aprendido, junto a mujeres refinadas y elegantes, a comportarme en sociedad. Admiraba las recepciones que ofrecían, y la manera tan especial cómo las manejaban, la decoración de las casas, pero sobre todo aprecié en ellas la sencillez de su comportamiento para con toda clase de gentes. Esa experiencia fue muy valiosa para mí durante la permanencia en Paz del Río. Para entonces, esperaba a Lisandro, mi tercer hijo. Cuidaba de mi embarazo con excelentes médicos y apropiada alimentación. Mis hijas crecían rodeadas de amor y bienestar. Había muchas actividades sociales, tanto campestres como citadinas. En el club de la empresa se organizaban bailes por cualquier motivo. A Sogamoso viajábamos frecuentemente a jugar "toruro" y bacará. En esa ciudad residían familias prestantes como los Rosellis y los Rodríguez, que también nos invitaban a tertulias interesantes. Las experiencias adquiridas en Belencito fueron inolvidables.

Pronto empezaron las visitas a la planta: ministros de Estado, congresistas y el propio Presidente. Naturalmente, después de recorrer la planta y revisar los trabajos estos visitantes ilustres disfrutaban el agasajo que les teníamos preparado: ternera a la llanera, música y bailes; fiestas; ágapes muy cordiales realizados bajo carpas armadas en las colinas o cerca de un río. Con el presidente Ospina Pérez y doña Bertha compartimos momentos muy amenos. Leonor de López, esposa del químico del laboratorio, otras dos señoras y yo éramos las encargadas de atender y escoltar a la esposa del Presidente. Yo estaba, además, encargada de supervisar la casa donde llegaban y que no faltase nada.

En una de esas recepciones, realizada en una casa particular, vi por primera vez a Laureano Gómez. Lucía bastante envejecido, pero todavía con mucha energía. Álvaro, su hijo, era un hombre atractivo. El político nato, muy callado. Fue asesinado años después en

Bogotá; un crimen que aún no se ha esclarecido. En la Gobernación de Tunja conocí a Urdaneta Arbeláez, quien era el encargado de re-emplazar a Laureano Gómez en la Presidencia cuando éste realizaba alguno de sus frecuentes viajes a los EE.UU. El gobernador Roselli, miembro de una de las más prestantes familias de Sogamoso, ofre-ció un baile de gala en su honor. En esa ocasión bailé un vals con el Presidente. Me sentía integrada a esta sociedad, como si hubiera nacido y me hubiese criado en este ambiente. Me daba cuenta de que cuando asistíamos a alguna velada y entraba en un salón del brazo de Guillermo vestido con su frac o esmoquin y yo elegante, con mi porte altivo de isleña, me miraban admirativamente. Sabía llevar cualquier atuendo con sofisticación. Eso no lo aprendí. Fue innato en mi naturaleza. ¿Acaso no había sabido siempre, según contaba mi madre, que yo era un ser "especial"?

En Belencito tenía fama de intelectual por la cantidad de libros en mi bilioteca, a la que yo llamaba "mi librería". Al lado de tantos personajes encontré la seguridad para opinar, para hablar sobre temas diferentes y exponer mis ideas. En cierta ocasión Laureano Gómez nos acompañó a Leonor de López y a mí a un juego de ping-pong en el casino. Sentado en una banca nos miraba diver-tido. Leonor era una mujer muy linda, de ascendencia italiana y de un refinamiento europeo. En un descanso, me senté al lado de Laureano Gómez y le dije:

—Presidente, he leído en la prensa que usted es cierta clase de monstruo —y con zalamería continué—: Pero veo que usted luce más bien como un patriarca con esa cabeza toda blanca.

Se rió de mi ocurrencia con toda la gana. Sacó un briquet grande con su nombre grabado en un lado y me lo regaló. En ese tiempo yo fumaba Salem Cigarrets. Casi todos fumábamos; era la moda. Todavía no se conocían las graves consecuencias que depara esta nociva adicción.

Al lado de Laureano Gómez nos sacamos fotos con nuestros hijos; el Presidente se prestaba a todos nuestros caprichos. En al-guna de estas fotos aparece con Lisandro en la puerta de mi casa. Lisandro nació en Cali y fue bautizado en esa misma ciudad; en esas fotos tenía solo cuatro años. Hernán, mi cuarto hijo, es boya-cense; nació en Belencito. Se suponía que daría a luz en el hospital de Sogamoso, pero no dio tiempo y nació en la casa. El médico apenas si alcanzó a llegar y ponerse un guante. Paradójicamente, éste fue un alumbramiento feliz, sin dolores, no como mis otros partos.

Por esos días asistimos a Bogotá a una recepción en el palacio presidencial a la que nos había invitado Lozano Bahamón. Un evento sumamente distinguido. Las mujeres lucíamos elegantes a toda hora; se usaban los sombreros y los guantes. Yo compraba en Bogotá los trajes para cada ocasión.

Pero la vida cotidiana de Belencito brindaba también muchos momentos gratos. Se compartía mucho en familia y se disfrutaba de la naturaleza y de los paseos al campo. Los sábados acostumbrábamos visitar a caballo los pueblitos cercanos, con otras señoras. Eran paseos sumamente agradables.

Entretanto, la siderúrgica avanzaba a pasos acelerados. Había una energía positiva en el aire. Un entusiasmo contagioso. Guillermo estaba dedicado a su trabajo con una responsabilidad que no le daba tregua. Aun después de las horas se reunía con los otros ingenieros para conversar acerca de los proyectos que se estaban ejecutando; reuniones de trabajo amenizadas a veces con unas copas de whisky. Desde sus años de selva Guillermo estaba acostumbrado a este trajín. Pero esas agotadoras jornadas trajeron consecuencias funestas para su salud. Los dolores de cabeza no menguaban ya ni con pastillas y tuvo que acudir al médico.

Su presión arterial estaba muy alta; su estado físico, deteriorado por falta de sueño. Debía detener la carrera suicida. Ajustó su dieta por un corto tiempo, pero luego volvió a la rutina; su presencia era necesaria en la construcción de los altos hornos. Me ocultó la gravedad de su estado. Había nubarrones en el paraíso en el que vivíamos Guillermo, mis hijos y yo. Las tormentas llegan a la vida cuando menos se esperan.

Tragedia

Un día, muy temprano en la mañana, la tragedia llegó sin presentirla y desbarató sin contemplaciones el castillo de ilusiones que Guillermo y yo habíamos construido en la frágil arena del tiempo. Fue como si de pronto, a mitad del día, se ocultase el sol.

El baño de la alcoba principal estaba situado después de un pequeño corredor y formaba parte de esa pieza. Me desperté sobresaltada porque sentí ruidos extraños. Fui al baño y allí, en el suelo, estaba Guillermo tratando de levantarse. De su garganta salían ruidos guturales. No pudo incorporarse; volvió a caer. Yo salí corriendo llamando al servicio y a los vecinos. Trajimos un médico de Sogamoso. Según él había tenido un derrame cerebral. Lo trasladaron en camilla al hospital de Sogamoso, a veinte minutos de Belencito. Presa de la angustia ignoraba, sin embargo, la seriedad de su caso hasta que Hernán, su hermano médico, llamó y me informó sobre la gravedad de la situación. Lo llevaron a Bogotá y luego a Cali a la Clínica de Occidente. Dejé Belencito para siempre. Empaqué y salí con mis hijos y con Paulina, una de las mujeres que me ayudaban en la casa. Tres días después llegamos a Cali. Guillermo, en la clínica, continuaba paralizado; no podía hablar. Envejeció en un segundo. Sus ojos reflejaban su angustia. Nuestros pequeños hijos no entendían la catástrofe.

Entretanto, su hermano, jefe del clan familiar, se hizo cargo de la situación médica de Guillermo, pero también de todo lo concerniente a nuestro dinero y a los asuntos de mi hogar y de mi vida. Me di cuenta de que empezaba para mí el vía crucis que me había preparado el doctor Rebolledo Zúñiga. Sentía una angustia infinita; presentía que la recuperación de Guillermo sería difícil. En aquel tiempo la ciencia no tenía al alcance todavía las terapias y medicamentos de hoy en día. Su progreso en la clínica era casi nulo. Todas mis visitas se convertían en llanto al despedirme. Él sabía de mi angustia.

Empecé entonces a perder las esperanzas, y poco a poco, con dolor infinito, me fui despidiendo de él. Lo hacía con la mente, no con el alma. De ella nunca desaparecería. Mi amor por él sería eterno. Es difícil salir de un paraíso y encontrarse de pronto con la dura realidad. Necesitaba aturdir mi conciencia y dar descanso a mi mente, que estaba ofuscada sin saber qué hacer. Busqué escapar en mis libros y en mis hijos, y compañía y consuelo en mi familia que vivía en Cali.

Después de tres meses Guillermo regresó a la casa. Había un pequeño progreso: caminaba con un bastón, pero con su cuerpo de lado y arrastrando la pierna. Trataba de pronunciar algunas palabras, pero solo podía emitir sonidos guturales. Sufría intensamente cuando los niños trataban de conversar con él.

Así pasaron los días. Me dolía verlo. Me dolía terriblemente. Su hermano parecía echarme la culpa de su estado. Con negativismo y crueldad extrema me pintaba horrores de lo que sería mi vida futura con los niños, tanto económicamente como emocionalmente. No estaba acostumbrada a esta clase de personaje maquiavélico y dominante que quería inmiscuirse en todos mis asuntos y en los de su hermano. Me rebelé de algún modo, y quise sacudirme y liberar a todos de su influencia, pero él encontró medios para vigilarme. Llamaba a la servidumbre para averiguar acerca de mis gastos diarios, de mis idas y venidas, de mis cuidados para con Guillermo..., hasta que no sé con qué argucias logró poner a la servidumbre en mi contra. Guillermo, claro, no se daba cuenta de nada.

No soy persona – nunca lo fui – que se deja manipular por otro ser humano. Va contra mi dignidad, mi naturaleza. Empezó entonces, o mejor, terminó la guerra que Hernán Rebolledo me declaró desde el mismo día en que me conoció. Lejos estaba aquel hombre de conocer mi altivez y mi coraje; esa altivez y ese coraje que adquirí tanto en la libertad del ambiente en que crecí en mi isla como en la libertad que Guillermo me brindó con absoluta confianza, porque él sí entendió mi idiosincrasia desde un principio.

El doctor Rebolledo Zúñiga sabía que tenía que declararme la guerra y terminarla al mismo tiempo, así esto le costara la muerte a su hermano —porque efectivamente la aceleró—, y así tuviera que privar a mis hijos, sus sobrinos, de su madre al declararme muerta luego de mi destierro, solo para luego resucitarme a su conveniencia.

El clan Rebolledo

Antes de seguir con esta historia es muy importante conocer a la familia de Guillermo, algunos de cuyos miembros tuvieron un papel protagónico en este relato y otros tan solo fueron actores secundarios.

La familia Rebolledo estaba dispersa entre Roldanillo, Tuluá, Andalucía y Popayán. Según su genealogía, habían emigrado de Burgos, una provincia española. También había Rebolledos en Venezuela que, según se decía, eran terratenientes de grandes haciendas.

Lisandro y Trinidad, padres de Guillermo, formaron su hogar en Andalucía, Valle del Cauca. Eran primos. Tuvieron cuatro hijas mujeres y dos varones. Lisandro se ocupaba del transporte de mercancías; a este fin disponía de buenos caballos y mulas. Prosperaron y llegaron a tener una finca con ganado vacuno y caballar y criadero de cerdos.

Se preocuparon por brindarles una buena educación a sus hijos: Hernán se hizo médico; Rita, maestra; Rosa maestra; Guillermo, ingeniero civil. Laura y María se casaron a temprana edad; Rosa, más tarde y Rita se quedó soltera. Al terminar su educación algunos de ellos emigraron a Cali y otros se quedaron en Tuluá. Guillermo, debido a su profesión de ingeniero civil, se dedicó a viajar por diversas regiones.

Rosa se casó con un primo, Vicente Romero, hacendado y aficionado a la política. Tuvieron tres hijos: Gabriel, Luis Carlos y Guillermo León. María se casó con Dionisio Montaño, un hacendado entrado en años, y tuvieron seis hijos hombres. Laura se casó con Ángel Yusty, también hacendado. Tuvieron cinco hijos y tres hijas. Hernán se casó secretamente con Carola, la muchacha que ayudaba a Rita en la casa, una joven humilde pero atractiva, blanca y algo rubia que había venido de Antioquia para aprender oficios del hogar. Cuando la conocí en casa de Hernán Rebolledo pensé que era la muchacha del servicio. Hernán nunca me la presentó como su esposa, pero por Guillermo supe de su casamiento. Tuvieron una hija que fue entregada por su padre a una familia de San Nicolás, dueña de una farmacia. A Carola el médico le dijo que la recién nacida había fallecido. Este gesto es una clara muestra de la indiferencia de Hernán Rebolledo para con el dolor ajeno; una faceta de su corazón que yo todavía desconocía. Ejerció la medicina por diversas ciudades del país hasta que se retiró para radicarse definitivamente en Cali. Desde ese instante empezó a dirigir el clan de su familia de Andalucía y Cali. Su casa estaba situada cerca del río Cali, en el barrio Granada. Allí vivía con Rita, su hermana soltera, y organizaba reuniones reservadas con sus cuñados y sobrinos. A Guillermo, como andaba por otras latitudes, le era difícil dirigirlo y controlarlo.

El carácter de este hombre era extremo en todo. Orgulloso de la alcurnia de su apellido y soberbio en su manera de ser, humillaba con crueldad refinada a quienes tenía cerca. Rita y Carola, completamente manipuladas por él, estaban sujetas al capricho de su modo de pensar. Hernán heredó de la familia de su madre, los Zúñiga, unos genes complicados e incomprensibles. Pero quizá sus defectos más notorios eran la avaricia y el amor desaforado por el dinero. A los familiares que contaban con bienes de fortuna los colocaba en un pedestal, pero en cambio menospreciaba a quienes carecían de ellos. Despreciaba abiertamente a su hermana Laura por haber contraído matrimonio con Ángel, un hombre bueno pero de escasos recursos económicos, quien, por supuesto, no tenía ningún valor para Hernán. Tampoco simpatizaba con sus hijos, a quienes se refería siempre con apelativos desdeñosos. Laura y Ángel eran unas personas increíblemente humanas, trabajadoras y honestas. Su casa y su finca, sumamente acogedoras y cálidas, carecían, no obstante, de los lujos de que hacía ostentación el resto del clan. Desde luego, no pertenecían al círculo de Hernán. Sus hijos no pudieron ingresar a la universidad por falta de recursos. No eran, claro, sus sobrinos preferidos.

Su hermana Rosa y su esposo Vicente vivían en Tuluá en una casa antigua. Vicente hacía alarde de su machismo sin contemplaciones de ninguna clase. Lo paradójico es que se dejaba manipular sumisamente de Hernán, su cuñado. Tenían tres hijos: Luis Carlos, que estudió medicina; Guillermo León, que siguió ingeniería química en Oklahoma; y Gabriel, el menor, que no se interesó en los estudios sino en hacer fortuna "fuese como fuese", y ciertamente la consiguió, pero valiéndose de oscuros negocios.

Su hermana María y su esposo don Dionisio vivían en Andalucía. Ella, un alma demasiado buena para este mundo, debió ocuparse de criar una familia numerosa. Don Dionisio, fuerte todavía, vivía trepado en un caballo visitando sus numerosas propiedades. Disfrutaban un estándar de vida muy alto, con carros, clubes, viajes y casas modernas y lujosas. Cuando los conocí, sus hijos ya eran hombres. Hugo estudiaba medicina en España; Lisandro estaba pagando el servicio militar; Alfredo estudiaba aviación; y Ulises ayudaba en las fincas al papá. Hernán estudiaba todavía el bachillerato y Dionisio se había marchado a "estudiar" a los Estados Unidos. Después nos enteraríamos de que realmente no fue a estudiar, solo a pasear y perder el tiempo.

Cuando conocí a don Lisandro Rebolledo, el padre de Guillermo, se veía como un patriarca con sus cabellos blancos y su bigote en punta. Un ser amable que ya estaba en la última etapa de su vida. El abuelo, como yo lo llamaba, había cedido sus propiedades a Hernán, su hijo mayor, para que se encargara de administrarlas. Guillermo, su otro hijo varón, no podía ayudarle en esta labor porque debido a su profesión de ingeniero debía recorrer continuamente el país. De esta manera, Hernán quedó prácticamente como dueño y señor de la finca a la orilla del río Cauca y dispuso de ella como quiso. Primero la tuvo arrendada a su cuñado Vicente y luego a Gabriel, su sobrino. Cuando él murió, esta finca y la casa de Granada quedaron a nombre de Rita, su hermana.

En una ocasión Guillermo y Laura demandaron a Hernán por esta finca, pero después desistieron del juicio. Hernán atribuyó siempre a mi influencia la decisión de enjuiciarlo, que calificaba como un sacrilegio. Guillermo y yo no pertenecíamos al clan. Según el doctor, éramos los parias de la familia. Guillermo tenía una humanidad noble y generosa. Fue un miembro destacado de su familia, un esposo ideal y un padre ejemplar. Adoraba a sus hermanas, quienes le llamaban cariñosamente "Guillermito". Según ellas, Guillermo heredó de su padre, don Lisandro Rebolledo, su modo de ser, su caballerosidad y la nobleza de carácter. En nuestros hijos corre la sangre de su padre y de su abuelo. Ellos cuatro representan el orgullo de su apellido y de esta familia para las generaciones venideras.

Parte III

El destierro

Una firme decisión

TODO EMPEZÓ UNA MAÑANA muy temprano. Yo, inocente de la trama que se estaba desarrollando muy cerca de mi alcoba en complicidad con las dos mujeres que estaban a mi servicio, dormía plácidamente. El jefe del complot: el doctor Hernán Rebolledo; sus compinches: Gabriel Romero, Vicente Romero y María Montaño.

Me desperté alarmada al oír voces en el corredor. Salí poniéndome la bata levantadora; allí, en el saloncito cerca del comedor, estaban sentados los arriba nombrados. Creí que le había pasado lo inevitable a Guillermo, pues por esos días había tenido una nueva recaída. Por mi mente pasaron fugaces mil pensamientos: ¿Habría empeorado? ¿Habría muerto y venían a comunicármelo? A Guillermo lo habían trasladado días antes a la casa de Hernán con el pretexto de que los niños le molestaban con el ruido de sus juegos, y de que además allí estaría cerca de la Clínica de Occidente, donde él como médico podría estar pendiente de cualquier cambio. Acepté esta situación porque me pareció razonable; además, como tenía carro, podía ir todos los días a verlo y pasar ratos con él.

Fui a buscar a los niños a sus alcobas y no estaban, el servicio tampoco. Alarmada, pregunté:

—¿Qué pasa?

Entonces el jefe del clan me dijo lo que seguro ya tenía escrito en su cerebro desde el día que Guillermo se enfermó: que Guillermo moriría pronto; que no había remedio porque había disipado sus años en el alcohol; que ellos se encargarían de criar a "sus hijos"; que yo era una madre y una esposa derrochadora, inconsciente..., que no servía para nada. Me acusaron de estupideces: inclusive de que mis salidas frecuentes tenían que ver con hombres. Cuando terminó de hablar, o mejor, cuando lo interrumpió Gabriel, él quería que yo desapareciera para siempre por mi voluntad o por la de ellos.

Entonces me mostró el arma color negro y plata que tenía en un paquete en el asiendo vacío, junto con la cartera de María. Fríamente se dirigió a mí:

–Gentes desaparecen todos los días. Ya desaparecí a uno y no me lo cobraron; otra más... Y a usted, ¿quién la va a reclamar? –concluyó mirándome con desprecio a la vez que guardaba de nuevo el arma en el paquete.

María callaba. ¿Qué pensaría de todo esto? Pobre mujer, víctima en el pasado de problemas mentales. ¿Por qué la habrían llevado allí? ¿Acaso como testigo? Vicente estaba de acuerdo con Hernán y su hijo, pero trataba de calmarlos. Pensé que realmente había llegado la hora de mi muerte. Las más sombrías imágenes cruzaban por mi mente. Probablemente me asesinarían y me dejarían tirada en alguna vereda, o me arrojarían decapitada a un río para que no pudiera ser identificada.

Saqué fuerzas de flaqueza, y a pesar de mi temor me mantuve aparentemente serena. No lloré ni me puse histérica. Miré a Hernán a los ojos y le dije por primera vez lo que él era y lo que pensaba de él; a Vicente, los secretos que yo sabía por Guillermo, y a Gabriel le pronostiqué el término de su vida por su maldad. Hicieron como si no me oyeran y me advirtieron que si buscaba abogado ellos tenían dinero para comprarlo y para ponerme trampas; que de nada me serviría.

Sin Guillermo me sentía desamparada, sola, derrotada. Habían secuestrado a mis hijos, me amenazaban. Lo que estaba viviendo era como una pesadilla, pero sobreponiéndome a mis temores hice acopio de fortaleza : "Para recuperar a mis hijos, más vale una madre viva que una madre muerta", pensé. Eso era lo más importante en ese momento. El orgullo volvió a mí. Les demostraría quién era yo. No me conocían. ¡Todavía no estaba rendida!

Debía irme por un tiempo donde no me encontrara el clan. Sabía que a Hernán no le interesaban mis hijos ni su hermano Guillermo, sino sus propiedades y su pensión del Ministerio de Obras Públicas, y que al mismo tiempo deseaba vengarse por la demanda que le interpuso Guillermo y que creía se debía a mi influencia; quería descargar el odio que me tenía por no haberme dejado manipular por él. Volví a prometerme que eso nunca sucedería. ¡Nunca!

En una maleta empaqué unas pocas prendas. No tenía cabeza para pensar en esos detalles. Tomé seiscientos pesos —mi único capital– y, como quien abandona el barco que se hunde irremediablemente, marché con el corazón roto "a casa de unas primas".

Eso fue lo que les dije a ellos al salir de la casa. Allí, en lo que fue mi hogar, se quedaron el nuevo dueño y sus cómplices para deshacerse de mis cosas, venderlas o regalarlas, y arrendar mi casa a una funeraria, como lo supe más tarde. A Guillermo le dijeron que yo lo había abandonado y me había ido con alguien. ¿Un hombre? ¡Calumnias inmisericordes! No les importaba hacerle sufrir a él y a mis pequeños hijos. Y mi pobre enfermo, ¿podría creerles? ¿Cuál era la excusa para sacarme de mi casa? ¿Cuál el delito monstruoso que yo había cometido? Las calumnias infames que forjaron en mi contra para justificar la infamia se las cobraría el destino más tarde uno a uno, como en una tragedia de Shakespeare. Aunque parezca raro, nunca les guardé rencor. Sabía que yo era inocente y que Dios nos libraría a mí y a mis pequeños hijos de la conjura que tejió en nuestra contra el hermano de su padre. La justicia de Dios se encargaría de todos ellos... Y así fue.

Bogotá

Realicé el viaje a Bogotá con el alma enferma. No podía dejar de pensar en mis hijos. ¿Qué sería de ellos? ¿Y Guillermo, el hombre con el que compartí una vida tan hermosa, interesante y de tanto amor? ¿Por qué tuvo que padecer ese quebranto que destruyó para siempre nuestro mágico mundo tan lleno de esperanzas? Todo parecía un sueño, un mal sueño. Habíamos compartido un paraíso donde todo era felicidad, y ahora todo se había derrumbado.

Para mí fue como volver a empezar, pero con un futuro más que incierto. Tenía claro que lo más importante ahora era recuperar a mis hijos. Mi único capital eran los seiscientos pesos. Ninguna entrada. Sin embargo, no acudí a mi familia. Tendría que salir adelante yo sola: ese era mi reto.

"Alguien me ayudará, hay ángeles en todas partes", pensaba, y eso me consolaba. Crecí en la isla como una mariposa creyendo que la vida era como una feliz aventura. La crueldad desnuda con la que me enfrenté a mis veintiséis años me desconcertaba. ¿Cómo podían existir seres tan inhumanos que no dudaban en destruir las vidas de otros seres solo para satisfacer sus caprichos?

En Colombia se vivía en aquellos días una violencia desatada. Eran los tiempos de Laureano Gómez; liberales y conservadores se mataban sin piedad. Todos los días aparecían decenas de muertos en los ríos y caminos. Grabadas en mi mente habían quedado las palabras amenazadoras de Gabriel Romero. Sabía que no tenía Dios ni ley; que había matado a alguien solo porque le había ido a cobrar un trabajo; conocía su temperamento, la crueldad para con su esposa, la locura que se apoderaba de él en ocasiones. Tenía claro que debía tratar de ocultarles mi paradero. Cuando huí de mi casa les había dicho que iría a casa de mis primas en Barranquilla, pero lo que ellos menos pensaron es que viajaría a Bogotá.

Antes de tomar el avión que me llevaría a Bogotá llamé por teléfono a mi amiga Amelia Zorrilla, a quien había conocido en Belencito donde trabajaba como dibujante de arquitectura en la oficina de Paz del Río. Con ella simpatizamos desde el primer momento de conocernos y nos hicimos muy buenas amigas. Meses antes me había ofrecido su apartamento para cuando visitara Bogotá. Cuando la llamé se sintió encantada de recibirme. En ese momento no le expliqué que mi estancia sería por un tiempo, quizá unos meses.

Al llegar al aeropuerto de Bogotá me esperaban ella y su madre, Margarita. Provenían las dos de los Barriga, una de las familias más prestantes de Bogotá. Margarita era viuda y Amelia tenía una historia un poco triste. Se casó con un canadiense que luego de un mes la dejó. Quizá este individuo era casado en Canadá. Cuando llegué a Bogotá Amelia todavía estaba sola, pero tiempo después se casó con un inglés, gerente de una compañía de automóviles importados. Al momento de encontrarnos continuaba trabajando en Paz del Río, en las oficinas de Bogotá; su madre, en el Ministerio de Trabajo. El apartamento, situado en la Carrera Décima –en un sector residencial de la capital–, estaba decorado con exquisito gusto. Tenía dos alcobas y sala comedor con un balconcito.

Por la noche les conté lo sucedido en Cali y el motivo por el cual había llegado refugiada donde ellas. Me acogieron con gran cariño, como una más de la familia, e hicieron menos dura mi estadía en Bogotá. Margarita sugirió que debía empezar a estudiar mecanografía, porque como maestra estaba atrasada en los programas nuevos de enseñanza y sin práctica alguna. Ella me ayudaría a conseguir trabajo en el Ministerio. Dicho y hecho. Tomé unos tres meses de clases y me lancé a buscar empleo.

Anduve sin descanso por cientos de oficinas, pero cuando me hacían los exámenes no pasaba. ¿Cartas comerciales? ¡Ni idea! Inclusive no sabía usar la tabulación. Buscaba los clasificados para trabajos poco exigentes aunque menos remunerados, y un día me aventuré a llevar mi solicitud donde unos abogados. Finalmente me recibieron. Los dos abogados, oriundos de Pasto, empezaban apenas su práctica en asuntos laborales. El despacho consistía en una oficina con un escritorio grande y uno pequeño, cuatro sillas y una máquina anciana. Algo muy modesto, pero yo no cabía de la dicha; allí podría mejorar mi mecanografía hasta adquirir un poco de rapidez.

Le daba gracias a Dios. ¡Por fin tenía empleo! No podía quejarme: en casa de mis amigas me sentía segura, tenía techo, alimentación y su cariño sincero. No obstante, desde mi llegada sentí un gran afán por conseguir trabajo para poder colaborar con los gastos de la casa. Me daba cuenta de que la elegancia del vestuario y el tren de vida que llevaban madre e hija se debían a numerosas cuentas sin pagar.

Durante todo este tiempo guardé silencio; no me comuniqué con nadie, ni siquiera con mi familia. Los días fueron pasando, y en su ir y venir fui conociendo las amistades de las Zorrillas, damas de sociedad, distinguidas y peculiares. Entre ellas me simpatizó especialmente Ana Latorre Vallejo, una mujer de unos cincuenta y cinco años, de tez muy blanca, rubia, de ojos azul cielo, bohemia y con dinero suficiente para sus extravagancias.

Desde que nos conocimos hubo química entre las dos; me adoptó como a la hija que nunca tuvo y me ayudó económicamente con algunas de mis necesidades. Poco después fui a vivir a su apartamento. Vine a ser su compañía para restaurantes y para las invitaciones de su círculo bohemio: con intelectuales, diplomáticos y algunos personajes de su familia como los Londoño y Latorre.

De nuevo volvía a frecuentar un ambiente de gente culta e interesante donde se hablaba de todo, se oía música selecta, se asistía al teatro, a recitales y a veladas con gentes refinadas en donde, sentados en alfombras orientales frente al fuego de la chimenea, se recitaba a Baudelaire, a Byron, a Neruda, a García Lorca y a tantos otros. A estos convites asistían los embajadores de Uruguay, de Francia y otros de países europeos y americanos, como también políticos, escritores y gentes del gobierno central. Se degustaban exquisitos platos internacionales y también los típicos de la sabana de Bogotá.

La vida continuaba y yo seguía con mi empleo. Practicaba durante horas, ya que no había casi ninguna actividad en la oficina. El sueldo era bajo y apenas sí me alcanzaba para mis gastos, pero Ana me ayudaba con algunas necesidades apremiantes. Una mañana llegaron dos hombres a la oficina, dos campesinos de una finca en Fusagasugá. Con ellos llegó también mi suerte como caída de las manos de un ángel.

Bogotá era en aquella época una ciudad de unos tres millones de habitantes. Chapinero, el barrio residencial de gentes pudientes, era el límite hasta donde llegaba la ciudad; la Séptima, la calle importante del comercio; el hotel Tequendama, el mejor hotel de la capital; el Parque Nacional, el paseo favorito de los bogotanos. Había muchos extranjeros, tanto turistas como comerciantes afincados en la ciudad. Se respiraba un ambiente de cultura: la poesía, los conciertos, los teatros con su máximo exponente, el teatro Colón; los cafés repletos de intelectuales y políticos; los restaurantes y night club pletóricos de clientes. El país respiraba uno de esos raros periodos de tranquilidad; el crimen era escaso. Pero esta situación no duraría mucho: Rojas Pinilla estaba en el Palacio de Nariño; había derrocado dictatorialmente al presidente Laureano Gómez.

Una carta importante

Pero volvamos a la oficina de abogados con los dos labriegos de la sabana. Durante media hora esperaron sentados, callados y tímidos, con las manos escondidas debajo de las ruanas. De pronto, uno de ellos se levantó y me preguntó:

—Señorita, ¿podría usted escribirnos una cartica?

—¿Para quién? —les pregunté a mi vez, intrigada.

—Para el presidente Rojas Pinilla —dijeron ambos a coro.

Me explicaron que querían hablarle al Presidente sobre su problema: habían trabajado cinco años en una finca de un "fulano de tal" y ahora, al dejarlos sin trabajo, no les pagaron ninguna prestación social. El Presidente podía ayudarlos a convencer a los patrones para que les pagaran sus indemnizaciones.

Muy incrédula de que una carta semejante llegara a manos del Presidente, la escribí sobre todo para practicar en asuntos de litigios laborales, pero la dirigí con mucho respeto al mandatario y la redacté con cuidado. Cansados de esperar a los abogados, los dos labriegos tomaron la carta y se despidieron agradecidos.

Cuando salían, algo en mi interior me dijo que esta era la oportunidad que estaba esperando. Corrí a la puerta y los llamé:

—¡Esperen que yo también voy a mandar una carta con ustedes!

Y escribí una carta al Presidente contándole primero la circunstancia infortunada en que se encontraba Guillermo por su salud, y recordándole luego su amistad cuando años atrás (ambos ingenieros) asistieron a los cursos de pavimentación en Bogotá y Guillermo con su chofer lo llevaba a esos estudios; le explicaba que ahora yo necesitaba urgentemente una recomendación para cualquier posición, donde fuera. Firmé la carta, la cerré y se la entregué a los labriegos. Fue un impulso, pero ni en mis sueños más optimistas me atreví a esperar una respuesta. De la portada de Palacio no pasaría.

Cuál sería mi sorpresa cuando, día y medio después, recibí un telegrama de la secretaría de la Presidencia donde me decían que por recomendación del presidente Gustavo Rojas Pinilla enviarían un telegrama al doctor Agudelo, presidente de Paz del Río, en las oficinas en Bogotá. Al día siguiente se presentó en la oficina un emisario del doctor Agudelo, para citarme a una entrevista. En la tarde fui a su despacho y dos días después empecé a trabajar en el departamento comercial de la compañía. Tenía un sueldo bastante bueno, consideraciones y respeto exagerado porque, después de todo, era recomendada del Presidente de Colombia, quien inclusive había llamado personalmente al doctor Agudelo, amigo también de Guillermo. Mi jefe era un señor español que tuvo la paciencia de enseñarme lo relacionado con la deuda externa, que era lo que se tramitaba en su oficina.

Espero sinceramente que la carta que escribí a los dos labriegos de la sabana haya tenido los mismos excelentes resultados.

Intriga

Para entonces ya había salido de la casa de las Zorrilla y vivía con Ana Latorre Vallejo en su apartamento de la Carrera Cuarta. Parece que Gabriel Romero ya había descubierto dónde trabajaba. Un día recibí una llamada telefónica; alguien de nombre Aristóbulo Libreros tenía una carta de Guillermo para mí y necesitaba entregármela. Lo cité en un restaurante para la hora de almuerzo. Ana me acompañó.

A la hora fijada esperamos en el restaurante hasta que llegó Libreros, un hombre de aspecto ordinario, bastante robusto, cara regordeta, bigote y cabellos crespos. Dijo que me conocía por retrato; traía consigo una caja de galletas, nueces y chocolates, se supone regalos de Guillermo. Estaba ansiosa. Lo interrogué acerca de la salud de mi esposo, de mis hijos. Fue decepcionante constatar que no sabía mucho, solo generalidades. La carta ofrecida nunca apareció porque, según este hombre, Hernán Rebolledo se la había confiscado. Ilusionada envíe a Guillermo y a mis hijos miles de razones. Libreros se despidió diciendo que volvería la próxima semana. Había muchos motivos para dudar de su veracidad. A Ana y a mí su aspecto nos infundió sospechas desde un principio, pero yo quería creer; me aferraba a la esperanza.

La segunda visita fue muy semejante: que la carta "se la había quitado de sus manos el doctor Rebolledo". Esta vez Guillermo mandaba decir que quería encontrarse conmigo en Ibagué, que nos veríamos en un lugar adonde me llevaría Aristóbulo. Se supone que eso estaba escrito en la carta. También llegaron los regalos: frutas, nueces y galletas. Con Ana nos pusimos a analizar los hechos y sospechamos más aun, porque cuando nos despedimos Aristóbulo me apretó la mano de tal manera que me pareció atrevido. ¿Y lo del viaje a Ibagué? ¿Una trampa? Con todo, le entregué una carta para Guillermo; no quería renunciar a la esperanza.

En la tercera visita me llamó por teléfono y me dijo que quería verme sola, sin Ana, porque tenía algo importante que comunicarme. Me aparecí con Ana, le dije que ella era como mi madre y que no había secretos entre las dos. Nos contó entonces, sin que hubiera razón para ello, que era dueño de varios camiones y continuamente viajaba de Cali a Bogotá y de Ibagué a Tuluá. Esta vez trajo noticias de mis hijas que estudiaban internas donde las Josefinas en Popayán, de Lisandro en Tuluá y de Hernán en Cali. Lo que no nos dijo era que hacía un tiempo Guillermo había tenido una recaída terrible a raíz de la cual había quedado inválido y no reconocía a nadie. Esto solo lo supe después de su muerte.

Al día siguiente me llamó a la oficina y muy fresco me dijo que todo había sido solo una mentira, que lo que pasaba era que él estaba apasionado por mí y quería tener relaciones conmigo, y finalmente, que Guillermo estaba a punto de morir. Desconcertada, colgué el teléfono y me encerré en el baño a llorar desconsoladamente. Las lágrimas brotaban incontenibles; al dolor por la suerte de Guillermo se unían la ira y la frustración que sentía por haberme dejado engañar ingenuamente por un ser tan grotesco.

Años más tarde alguien que conoció esta intriga urdida en mi contra me informó acerca de los detectives que habían contratado para que me siguieran y del plan fraguado con este hombre para inducirme a que fuese a Ibagué, quién sabe con qué propósitos. Desde ese momento nunca volví a salir sola por miedo a que me secuestraran.

Entre tanto, ya tenía un abogado para tratar de recuperar a mis hijos. Uno de los abogados pastusos se hizo cargo del caso y contactó a Hernán Rebolledo, que naturalmente se comportó con él descortés y pedante, aunque ya sabía que no podría quitarme a mis hijos para siempre porque después de la muerte de su padre sería yo, su madre, y no su tío ni sus tías, quien se haría cargo de los niños Rebolledo.

Por aquellos días Ana tuvo que hospitalizarse y su hermana cerró su apartamento hasta que ella se recuperara. Fui entonces a vivir donde Inés de Quevedo, una amiga que Ana me había presentado y con la que hice muy buena amistad.

Inés era viuda de un médico antioqueño que a la muerte de su esposo se quedó sin medios para vivir. Para subsistir tomaba en alquiler apartamentos grandes en edificios elegantes y arrendaba dos o tres piezas a extranjeros que trabajaban en el centro de la ciudad. Instalada donde Inés, empecé a disfrutar ciertas ventajas, pues su apartamento estaba situado en la Calle Séptima, a pocas cuadras de mi trabajo. En su apartamento vivían una maestra americana que enseñaba inglés en un instituto y dos europeos, a los que no conocía. Me convenía vivir acompañada y, por otra parte, mi sueldo no alcanzaba para pagar un apartamento con las comodidades a que estaba acostumbrada.

El exilio en Bogotá duró casi dos años. Mi vida transcurría en medio de la incertidumbre y la esperanza. Aguardaba con angustia un desenlace en la salud de Guillermo mientras alentaba la esperanza de vender las tres casas de Cali, recuperar a mis hijos y traerlos conmigo a Bogotá. Desde que Guillermo enfermó supe que sería muy difícil que recobrara la salud y que su final era solo cuestión de tiempo. Fue muy doloroso aceptar esa realidad alejada de él en momentos tan decisivos; saber que no podíamos vernos, que no podíamos despedirnos. Su propio hermano le había causado esa pena terrible, alejándolo cruelmente de la mujer amada y de sus pequeños hijos.

Cuando Guillermo fue llevado a Cali al principio de su enfermedad, traté de acallar ese inmenso dolor compartiendo mi tiempo libre con mis primas y con una que otra amiga. Nos reuníamos en salones y terrazas a tomar refrescos y charlar. En otras ocasiones jugábamos cartas, íbamos a cine o visitaba a alguna amiga. Cali era todavía una ciudad pequeña, con poco tránsito, muy cívica, sana y familiar. Con el carro era fácil movilizarse. Estas salidas inocentes causaron, sin embargo, las acusaciones del clan Rebolledo.

Venía yo de un ambiente de sociedad en Belencito, donde todos los días había algún programa. Tenía veintiocho años y un esposo que siempre me había comprendido, que me consentía y me daba la libertad que necesitaba. Él me conocía y me tenía confianza. Su hermano Hernán era todo lo contrario. Su concepto acerca de la mujer casada era que debía ser prácticamente una esclava, una servidora, sin voz ni voto, una mujer completamente sumisa que debía andar siempre detrás de su esposo como en el antiguo Japón.

Los dos años que viví luego en Bogotá contribuyeron al descubrimiento de mi ser interior que yo no conocía; en mi viaje a Popayán, a mis trece años, descubrí que no me detenía el miedo a lo desconocido; en San Antonio tomé decisiones trascendentales respecto a mi futuro; en Buesaco me aventuré por algo que creí importante en mi vida: formar un hogar y crear al lado de Guillermo nuestro propio mundo; en Cali me decidí por el destierro y por no quedarme luchando una batalla incierta que tal vez me costaría no solo la vida sino también dejar huérfanos a mis tiernos hijos. Pero en Bogotá descubrí que tenía integridad de carácter; supe evitar tentaciones; me hice cargo de mi vida con madurez y no me dejé llevar por emociones ni complejos. En mi mente siempre tuve a mis hijos. Y aunque conocí personas importantes interesadas en mí, no permití que ninguna relación superficial me distrajera del amor por mi esposo y por mis hijos. Sabía que algún día, así como ocurrió con Guillermo, llegaría también el personaje que cambiaría mi vida. Y así fue.

Galería fotográfica

PASTORA VILLEGAS
(Madre de Ligia)

FRANCISCO QUIÑONES SÁNCHEZ
(Padre de Ligia)

LIGIA VONBLON

ÁGUEDA REALPE
(Abuela de Ligia)

TRINIDAD Y HELENA REBOLLEDO
(Hijas de Ligia)

WERNER VONBLON
LISANDRO REBOLLEDO
MARCEL VONBLON
HERNÁN REBOLLEDO
(Hijos de Ligia)

LISANDRO REBOLLEDO
(Padre de Guillermo)

TRINIDAD ZÚÑIGA
(Madre de Guillermo)

GUILLERMO REBOLLEDO ZÚÑIGA
(Primer esposo de Ligia)

HERNÁN REBOLLEDO
(Hermano de Guillermo)

HELENA, LISANDRO, HERNÁN
Y TRINIDAD REBOLLEDO
(Hijos de Ligia y Guillermo)

RITA REBOLLEDO
(Hermana de Guillermo)

ELOISE EGGER Y EMIL VONBLON
(Padres de Emil)

ESCUDO DE LA FAMILIA
VONBLON

EMIL VONBLON EGGER
(Segundo esposo de Ligia)

LIGIA Y EMIL

EMIL Y STEFAN VONBLON
(Nietos de Emil y Ligia)

HERBERT VONBLON
HERMANO DE EMIL VONBLON

TRINIDAD REBOLLEDO

HELENA REBOLLEDO

Festejo navideño
(Orlando - Florida)

CLAUDIA REBOLLEDO
(Nieta de Guillermo y Ligia)

Riverside, Elkhart
(Indiana U.S.A.)

SANDRA REBOLLEDO
(Nieta de Guillermo y Ligia

Parte IV

Segundo matrimonio

Emil Vonblon Egger

ORRÍA EL AÑO 1956. Tenía yo casi treinta años. Ese sábado venía de hacer compras y regresé pronto al edificio. Tomé el ascensor. Había alguien allí y lo saludé. Ya había marcado el sexto piso. Entramos los dos al apartamento de Inés, él con su maleta, yo con mis paquetes. Ingresé al aposento de Inés y le pregunté quién era el "mono".

–Es Emil, mi inquilino desde hace cinco años –me dijo y añadió–: Su novia también vive aquí, es una americana; y también su amigo Klaus, otro austriaco.

Me contó luego que Emil y Klaus trabajaban en el hotel Tequendama y que Carmen, la novia, enseñaba inglés en algún instituto. Eso era todo lo que Inés sabía de Emil Vonblon.

Pasaron unos días. Un domingo asistí invitada a un desayuno "paisa" donde Inés. Cuando llegué, allí estaba Emil, sentado en el sofá cerca de la ventana con un suéter azul que le hacía lucir muy joven. Mi sorpresa fue tremenda. No lo esperaba allí tan temprano. Inés no había dicho nada. Nos saludamos; Emil callado, tímido en extremo. Por romper el hielo empecé a preguntarle cosas de su estadía en Bogotá. Me dijo que había llegado a los veinte años a Santa Marta y luego a Bogotá contratado por el Temel, un restaurante, quizá el mejor de Bogotá.

–Ahora –me dijo– trabajo en el hotel Tequendama.

Inés regresó con el desayuno. Él se ofreció a ayudar; Inés aceptó. Analicé al "monito": bastante delgado, rubio, de ojos iridiscentes, nariz prominente y una boca pequeña. Sus ojos, expresivos, se movían constantemente. Tenía una voz sonora y hablaba un español bastante bueno, aunque a veces se equivocaba en ciertas expresiones. Parecía un hombre de una educación europea, con modales refinados que en nuestro medio podrían tildarse a veces como de un poco afeminados.

Al despedirse me preguntó si le aceptaría una invitación a un cine o a tomar té en el Monte Blanco. No le di una respuesta afirmativa, pero le dije que me llamara donde Inés el viernes siguiente después de la oficina. Cuando se marchó nos quedamos comentando con mi amiga acerca de este encuentro. Me contó que él le había dicho que quería conocerme y que había terminado con Carmen, su novia, en San Andrés; como queriendo explicar que estaba libre.

En realidad nuestro primer encuentro no fue nada extraordinario; tampoco pensé que seguiríamos viéndonos: me pareció muy joven. Él tenía veintiséis años pero parecía de veinte, yo cumpliría dentro de poco los treinta. Yo tenía cuatro hijos y un esposo, aunque estuviera tan enfermo y alejado de mí. Descarté el plano sentimental; no había romance en el horizonte, pero pensé que tal vez este agradable joven podría convertirse en un buen amigo. Presentes tenía a Gabriel y a sus detectives. ¿Para qué darle motivos que justificaran su actuación?

El sábado siguiente le presenté a Emil una amiga de veintitrés años para que le acompañase al cine. Yo me excusé. El domingo recibí flores y una tarjeta de Emil: "le debía la invitación". Su gesto me desarmó, y acepté ir con él al Monte Blanco a tomar té. Este salón estaba situado en la Séptima y era un lugar de moda donde se podían pasar ratos muy agradables. Servían unos pasteles y entremeses exquisitos, al estilo francés. Se fueron las horas conversando; le conté sobre mi situación, sobre mis hijos y el lugar donde trabajaba, pero no le hablé de mi exilio. Ya Inés le diría acerca de eso en alguna ocasión.

Él me contó de sus padres en Austria, de su país, de San Andrés y de su hermano, que estaba allá, en la isla, tratando de formar una granja. Dijo también que con sus ahorros estaba construyendo una casa en Austria y que su padre supervisaba los trabajos. Que su amigo Klaus había viajado a Suiza a casarse con Margaret, su novia, que lo estaba esperando. Me repitió que quería ser mi amigo e invitarme a cine o a comer por allí cerca. Me pareció honesto y sincero.

En los días siguientes, cuando salía de la oficina, allí estaba Emil esperándome; esto me mortificaba y me quedaba esperando a que se marchara. Hasta que tuve que decirle que yo no podía caminar con él en las calles. Él no entendía y yo no podía explicarle. Nos veíamos en el Monte Blanco, en el Parque Nacional, en el cine y donde Inés. A veces salíamos con Ana, que ya se había recuperado.

Poco a poco le iba conociendo y me daba cuenta de que, a pesar de su edad, era una persona noble, responsable y con mucha madurez. No era el intelectual que yo podía admirar, o el hombre de mundo que sabía de bailes y de modas; sin embargo, otros dones hablaban a su favor. Su bondad incomparable no tenía límites.

Así, llegamos a casi a los dos meses de habernos conocido. En alguna ocasión me dijo que si algún día quedaba libre, se casaría conmigo. Yo le dije:

—Tengo cuatro hijos, ¿usted se haría responsable de ellos?

Me contestó que sí, que por supuesto, si eran parte de mi vida. Sabía que era sincero, que él sí sería un padre responsable, pero todo eso no estaba en mi mente por el momento.

Días después llegó un telegrama de Cali; venía de la oficina del secretariado del Arzobispo. El padre Antonio Molina, hermano de Carlos Molina, el esposo de mi prima Olga en Pasto, lo enviaba diciéndome que Guillermo había dejado de existir. Pedí permiso en Paz del Río y viajé a Cali con el corazón destrozado. ¿Llegaría a tiempo? ¿Cómo me recibiría el doctor Rebolledo? Y mis hijos. ¡Al fin los vería!

¡Tantas emociones! Me embargaba un dolor intenso por Guillermo. Sentía una pena terrible por su suerte, primero por la enfermedad que lo postró y lo apartó de mi vida, y luego por haberse convertido en la víctima de su hermano. Por fin había llegado su descanso. Llegué donde Lucía Vargas, prima de Guillermo. Ella fue siempre muy buena conmigo y aun en los momentos difíciles me ofreció su cariño y su casa con toda sinceridad.

Tomé un taxi y me fui a la casa de Granada. Iba de negro. Toqué la puerta; nunca la abrieron. Por la ventana oí insultos groseros. Por un huequito de la llave observé cómo empujaban a mis hijos hacia el interior. Regresé a la casa de Lucía y llamé a Hernán Rebolledo. Le dije que nada podía hacer contra mí, ni comprar abogados ni hacerme desaparecer. Me colgó el teléfono.

Yo sabía que Guillermo ya estaba en la tumba. El día que llegué lo habían enterrado a las tres de la tarde. En la prensa no figuré yo. Fui al cementerio con Lucía Vargas y allí le prometí a Guillermo que yo lo haría sentirse orgulloso de sus hijos. Sabía que su espíritu siempre estaría con ellos y conmigo. Me despedí para siempre; en mi memoria siempre vivirían los recuerdos que me dejó.

Lucía llamo a Hernán; de prima a primo hablaron sobre el estado de los asuntos respecto a mis hijos y la herencia que yo reclamaría. Lucía le aseguró que yo estaba dispuesta a hablar con él por las buenas. Que en mi ser no existía el odio, porque Dios era el encargado de juzgarlo.

Esa noche, mi primera noche en Cali, Lucía me contó de la tragedia de Guillermo en este su último año de vida, cuando ya su cuerpo y su mente no funcionaban. De las mentiras y calumnias que le dijeron cuando él todavía entendía algunas cosas. Que siempre me llamaba y también a sus hijos. Pero que Hernán lo regañaba contándole horrores de mí. Que todos pensaban que yo lo había abandonado.

Lucía me dijo que cuando María contó la verdad acerca de las patrañas que tramaron Hernán y Gabriel conmigo sintió que ese era un crimen que no tenía nombre. La segunda noche hablamos de mi situación en Bogotá. Al día siguiente Hernán me llamó y me citó para que fuera a hablar con él y viera a mis hijos. Ya había consultado con abogados, y sabía que no podía hacer nada para quedarse con ellos ni con la herencia. Capituló.

Cuando me recibió en la sala, donde unos días antes estuvo Guillermo, su hermano, con cirios alumbrando la palidez de su rostro, sentí un dolor muy grande. Mis hijos aparecieron, y entonces ya no pude contenerme. Habían crecido. Una felicidad indescriptible inundó mi ser. ¡Madre resucitada por obra y gracia, como Lázaro, por Jesús! Triny, Helena, Lisandro y Hernán: me miraban asombrados. Hernán quizá no me recordaba; era tan pequeño cuando lo secuestraron.

Mi cuñado me miraba con cierta incredulidad, y al fin me dijo:

—Usted ha sido una mujer inteligente y con mucha suerte. Pensé que se convertiría en mesera en Bogotá, y mire, pues, encontró hasta un Presidente para que la ayudara.

—Usted no me conoce, y no trató de conocerme nunca. No tiene idea de quién soy yo —le dije.

—La creí frívola —murmuró él con expresión cansada.

Por la noche hablé con Lucía. Su esposo siempre estaba ausente; se podía decir que vivía en todas partes, como agente viajero de unos almacenes de libaneses. Habían tenido ocho hijos, pero ninguno sobrevivió por culpa de la naturaleza que no lo permitió. Esa noche me dijo:

–Hablemos de mujer a mujer. ¿Tienes algún romance en tu vida en estos momentos?

–No –le contesté–. Creo que no es amor todavía. Tengo un admirador, pero nada serio –Y seguidamente le conté de Emil, al que había conocido hacía dos meses. Le hablé de su trabajo, de sus ambiciones y sus sentimientos hacia mí, de su nacionalidad y de su carácter.

Lucía me escuchaba con atención y cuando terminé de hablar me dijo muy seria:

–Guillermo te lo puso en tu camino.

Ella creía en asuntos esotéricos y me recordó lo que una vez me dijo una pitonisa que fuimos a ver aquí en Cali hace unos años: que me casaría con un extranjero rubio, viviría fuera del país y viajaría muchísimo. Lo había olvidado... –Llámalo e invítalo a que venga – me dijo, y añadió–: Así, de una vez conoce a tus hijos.

Me parecía absurdo, pero ella insistió tanto, que finalmente acepté. Emil me dijo que pediría dos o tres días de permiso en el hotel, y no sé por qué, así como un rayo de luz que baja al cerebro e impulsa a la persona a decir lo no pensado, le pregunté: "¿Quiere casarse conmigo?", y él me contestó: "Sí. ¿Cuándo?" Me despedí apresuradamente. Yo misma estaba sorprendida de lo que había hecho. Al día siguiente, Emil llegó a Cali y se hospedó en el Alférez Real.

Lucía había hablado con Hernán y Rita acerca de Emil. Siendo extranjero ya tenía con ellos la entrada fácil. Su presencia y su bigote "hitleriano" lo identificaban con Austria, el país de Hitler y por supuesto, de Emil.

Para mi sorpresa, Hernán nos invitó a su casa. Desde el primer momento me di cuenta del encantamiento. Mientras yo me entretenía con mis hijos, Hernán entrevistaba a Emil acerca de su familia, su vida y milagros. Por otra parte, Emil conoció a mis hijos y comentó que eran muy educados.

A Hernán le simpatizó Emil: "Creo que este señor austriaco puede ser un buen padre", comentó. Mis hijos miraban a Emil extrañados de verlo a mi lado. Solo unos días antes habían enterrado a su padre. ¡Cuántas emociones encontradas en sus pequeñas mentes! Mi comportamiento con Hernán y Rita fue discreto. En mi corazón no existía el odio, en mi conciencia no había culpa. Tampoco había rencor porque Dios sería el juez. Y yo sabía, desde siempre, que las cosas que pasan en la vida tienen un porqué.

Cuando el tiempo ha pasado y termina una jornada, empieza uno a reflexionar acerca de los asuntos que llegaron y pasaron. Muchas veces me pregunté: "¿Aquello de mi destierro pasó porque debía pasar?" Quizá el destino nos lleva a veces por derroteros incomprensibles para mostrarnos el camino a seguir. Emil había sido puesto en mi camino dos meses antes de morir Guillermo. Fue como un milagro.

Ahora, lo importante era sacar a mis hijos de esa casa de arañas con sus tejidos fatídicos y llevarlos a un mundo nuevo, un mundo donde pudieran crecer con el cariño sincero de su madre.

Matrimonio en Cali

Emil y yo hablamos con Lucía sobre nuestro matrimonio. Ella y Carlos, su esposo, serían los padrinos. Fuimos a la iglesia de San Nicolás. El párroco, oriundo de Bélgica, dijo que no podía casarnos sin papeles, es decir, sin fe de bautismo, documento que ninguno de los dos tenía. Lucía llamó entonces a su hermano, magistrado de la Corte Suprema de Justicia, amigo del arzobispo de Cali, para que le mandara una nota a fin de que nos diesen un permiso especial. Emil y yo nos aventuramos a ir a la casa arzobispal y pedimos una audiencia. El arzobispo estaba en una recepción; sin embargo, nos atendió muy amablemente y nos dio el permiso especial, después de que leyó la nota del magistrado.

Fuimos a la iglesia, y se arregló el matrimonio para el día siguiente a las seis de la mañana. Emil debía viajar esa noche a Bogotá. El día 2 de septiembre de 1956 a las seis de la mañana nos casamos en la iglesia de San Nicolás. Una iglesia muy grande, con pocas flores y pocos cirios. Emil, vestido de gris, camisa blanca y corbata gris de rayas, zapatos negros. Yo, con un vestido de dos piezas verde musgo y un pequeño velo blanco, un ramito de flores blancas y un rosario en mis manos. El velo me cubría la cara. Mi segundo matrimonio, curiosamente similar al primero: la iglesia enorme, vacía. Había música de órgano en el coro, música litúrgica. Asistimos solamente los novios, los padrinos y el cura. Antes de casarnos el cura se llevó a Emil a la sacristía. Años después me contó que el cura, viéndolo tan joven, pensó que lo estaban forzando a casarse y quiso persuadirlo de que no tenía que hacerlo. Después de la ceremonia fuimos donde Lucía para un desayuno. La celebración más extraña del mundo. En la mañana fuimos a despedirnos de mis hijos. Ellos viajarían a Popayán y Tuluá al día siguiente.

Con Hernán habíamos convenido que mis hijos seguirían estudiando hasta que pudiésemos llevarlos a vivir con nosotros, cuando ya estuviéramos organizados. Les contamos de los planes de irnos a San Andrés para continuar la granja empezada por Herber Vonblon, hermano de Emil. Con los arriendos de las tres casas se pagarían sus colegios.

Decidí entonces hacer escritura de las propiedades a mis hijos. Emil estuvo de acuerdo con esto. La despedida fue triste, pero ahora albergaba la esperanza de que en un futuro no muy lejano estarían conmigo nuevamente. Les expliqué sobre mi matrimonio con Emil y su promesa de ser padre para ellos, si se lo permitían. Las circunstancias de hacerlo tan rápido y en secreto eran cosas convenidas a última hora.

Las niñas se veían contentas ante la perspectiva de salir de Cali y viajar; Lisandro, con su sonrisa ancha, parecía entender todo. Para Hernán, en cambio, todo lo que estaba viviendo era confuso. El doctor Rebolledo se veía satisfecho. A Rita le cayó muy bien Emil. ¡Era increíble! Parecía que nada había pasado en todos estos años de ausencia. Se borró como con un pincelazo lo sucedido en la casa de San Fernando, las llamadas a la oficina de Paz del Río, las amenazas, los agravios, las calumnias y el secuestro de mis hijos.

San Andrés, Islas

Emil y yo nos casamos, renunciamos a nuestras posesiones y viajamos a San Andrés. Empezaba una aventura: una nueva vida al lado de mi esposo Emil VonBlon. Me sentía feliz con el proyecto de traer a mis hijos, y qué mejor sitio que a San Andrés, una isla tan hermosa. Volamos por un cielo limpio de nubes y allá abajo divisamos la isla con sus palmeras incontables, su mar iridiscente y claro con islotes rodeados de espuma y su playa de arena blanca y peñascos que brotaban del mar en ciertas partes de la isla.

El aeropuerto tenía una cabaña que era el lugar de tiquetes y llegadas. Allí nos esperaba Herbert; más rubio que Emil, quemado por el sol y la sal marina. Llegamos a una casa isleña de la familia Heinz, nuestra residencia en San Andrés.

En el año 1956 San Andrés era un paraíso por descubrir, o mejor, ya lo había descubierto el general Rojas Pinilla e iniciado así el turismo de las gentes del Gobierno. No había hoteles, sino pensiones pequeñas y unos dos restaurantes. Las calles de arena, sin muchos carros. El comercio escaso, la tienda de los Gallardos, unas dos iglesias y dos escuelas, pocas casas. Entre las pensiones estaba la Hostería Lyon, de unos franceses de apellido Bossard, con diez piezas y un pequeño restaurante. Un belga tenía también un restaurante a la orilla del mar. La población -quizá diez mil habitantes- hablaba un inglés jamaicano. La mayoría vivía de la pesca.

Nuestra granja, una triste realidad: un terreno con algunas construcciones para gallinas, unas cuantas matas de tomates, tres perros, un pozo primitivo donde vivían sapos en agua semisalada. Pronto nos dimos cuenta de que no podríamos vivir en este remedo de granja. Herbert, con sus veintitrés años, estaba más interesado en descubrir las amenidades del trópico. En dos años no había hecho casi nada. La mayoría de los pollos se morían, y las semillas sembradas necesitaban agua; las eras secas lo decían todo.

Con Emil resolvimos buscar empleo. El alcalde necesitaba secretaria y allí conseguí trabajo; Emil, en la Hostería Lyon, donde lo llamaban cuando lo necesitaban, generalmente los fines de semana en que venían como turistas miembros del Gobierno, cuyo Presidente estaba impulsando una partida presupuestaria para desarrollar el archipiélago; un lugar del país olvidado del centralismo por años.

Después de las horas en la Alcaldía me iba a la granja y permanecía trabajando muchas veces hasta las once de la noche: no había electricidad. Sacaba agua del pozo con balde para regar las plantas. En la cocina —una chocita de juguete— había una pequeña estufa de gas propano; allí hacía mi café y usaba leche condensada, que era la única leche que se conseguía en la isla. Emil ayudaba en sus días libres. Un mar tan bello y no teníamos tiempo para disfrutarlo. Los sábados salía en bicicleta a vender en las pocas tiendas los huevos y tomates. En la casa donde vivíamos nos servían los desayunos y almuerzos. Era gente de la isla muy amable y atenta. El menú consistía en langosta casi a diario.

Cuatro meses trabajé en la Alcaldía; luego encontré otro trabajo mejor pagado, en la oficina de unos ingenieros arquitectos que construían el hotel Isleño, frente a la mejor playa de San Andrés. Dueño: el Gobierno. Pero la rutina de oficina y granja era demasiado y mi salud empezó a deteriorarse. Tuvimos que tomar una decisión. Tendríamos que regresar a Bogotá.

Emil se fue primero y retomó su antiguo empleo en el Hotel Tequendama; pero con una ilusión en su mente, escribió a un amigo austriaco que se había ido de Bogotá a trabajar a Indiana, en EE.UU. Yo me quedé un mes más en San Andrés para vender las incubadoras y organizar lo que se debía desbaratar a fin de salir de todo y dejar el terreno libre. Los seis meses pasados en la isla con Emil fueron el comienzo de una gran afinidad y el descubrimiento de su personalidad, de su carácter. Sin duda, sería un padre digno para mis hijos.

Cuando regresé a Bogotá, ya Emil tenía un apartamento en un segundo piso de la Calle Cuarta. Su amigo Klaus Praxmayr, casado con Margarita, vivía en un apartamento frente al teatro Bolívar. Les visitábamos frecuentemente. Ella esperaba una niña y se entretenía aprendiendo español y tejiendo todo el tiempo ropita para su bebé.

La carta que había enviado Emil meses antes a su amigo Herbert Hupfel en Indiana dio resultado. Herbert había conseguido un contrato de trabajo para Emil, en Elkhart, una ciudad del estado de Indiana. Con la embajada austriaca conseguimos pasaporte para mí. Al casarme con un ciudadano austriaco venía a ser también ciudadana austriaca. No teníamos dinero para los pasajes en avión. Klaus le prestó a Emil para los tiquetes y para el viaje en bus en los Estados Unidos.

Llamé a Hernán y le conté a él y a mis hijos sobre nuestro viaje para Estados Unidos. Estaban emocionados: ya no sería San Andrés sino Estados Unidos a donde ellos irían. Inclusive Hernán estaba impresionado y prometió mandar a mis hijitos cuando nosotros los pidiéramos. Por esas cosas de la vida, con el doctor Rebolledo mantuve una correspondencia de años, casi hasta su muerte. Herbert VonBlon se casó con una isleña y empezó un negocio de pastelería y panadería y allá en San Andrés se quedó para siempre con su esposa y sus cinco hijos.

La familia Vonblon - Walser

Desde el año 1600 hay un documento donde figuran los antepasados de Emil. Este documento fue muy necesario para mostrar su raza "aria". Durante la Segunda Guerra Mundial, Hitler exigía de cada familia alemana y austriaca una prueba de su etnicidad. En mis viajes a Austria fui conociendo las tías y tíos, primas y demás familiares que estaban viviendo en tres diferentes provincias: en el Tyrol, en Voralberg y Carintia. Llegábamos donde Oma, su madre, viuda hacía unos años, que tenía un apartamento en Innbruck. El padre de Emil desapareció un día en agosto cuando hacía alpinismo con un amigo en el Mont Blanc, la montaña más alta de Europa. Una avalancha de nieve los tapó para siempre. Allá en Francia, en la nieve eterna de los glaciares, quedó sepultado, contrariándose así su última voluntad, porque él pertenecía a un club de cremación, y su deseo era ser cremado al morir. Tenía cincuenta y tres años cumplidos.

Cuando sucedió esta tragedia, ya estábamos casados y vivíamos en Elkhart; mi hijo Werner tenía dos años y Emil estaba iniciando su trabajo en el hotel. Buscaron el cuerpo de su padre por días y meses y no lo encontraron. Oma al fin se resignó a la declaración de "perdido". En esa montaña hay cientos de alpinistas sorprendidos por avalanchas. Los antepasados de Emil ocupaban los valles de Blon y Walser en el oeste de Austria, en la provincia de Voralberg, cerca de la ciudad de Bludenz. En los tiempos feudales, como vasallos de los monarcas, recibieron tierras y títulos por servicios prestados a la Corona. Había un conde Walser y caballeros en la familia. En los años del reinado de los Habsburgs, cuando se casaban los príncipes con princesas extranjeras, algunos de los Von Blon acompañaron el séquito de un príncipe a España. Allá se quedaron por años, y cuando regresaron vendieron sus títulos en Suiza. Venían de una penuria agravada por enfermedades y conflictos; los valles estaban ocupados en guerras feudales y tuvieron que emigrar a Rading y conseguir otras tierras para la cría de vacunos y los sembrados de pastos y hortalizas. Dos de los más recientes familiares aparecen en el documento ario: Joseph y María Vonblon (adjunto documento). Durante la Segunda Guerra Mundial tuvieron que juntar el apellido, ya no Von Blon sino Vonblon.

Del matrimonio de Joseph y María nacieron once hijos: Emil, Johana, Wendelin, Heduic, Julia, Rosa, Steffanie, Fridolin, Adolf y Albert; uno de los recién nacidos murió en Bludenz. De esta numerosa familia, Johana estaba casada y tenía cinco hijos. Ella y su esposo murieron en Rading, él víctima de la adicción al alcohol.

Steffanie entró a un convento. Heduic se fue a vivir a otro pueblo; nunca se casó. Tampoco Julia. Adolf y Albert murieron en Yugoeslavia y Creta defendiendo la causa de Hitler. Fridolin fue mandado a Creta durante la guerra y sobrevivió, pero quedó con problemas mentales. Rosa se casó y tuvo mellizas. Wendelin se quedó laborando las fincas del abuelo Joseph; de su matrimonio le quedaron tres hijos.

El padre de Emil se decidió a buscar trabajo en los ferrocarriles, en Innsbruck, durante el tiempo de la guerra; y después, durante la ocupación francesa, rusa y americana en Austria, él siguió como inspector de los trenes que viajaban por Italia, Alemania y Austria. Se retiró a los cincuenta y tres años, y a esa edad, como se dijo, murió trágicamente sin haber recibido una mesada de su pensión. Fue casado con Aloisia Egger y tuvieron dos hijos: Emil, mi esposo, y Herbert, que aún vive en la isla de San Andrés, Colombia.

Emil, año 1945

En su memoria quedaron impresos indeleblemente los bombardeos continuos, las nubes de aviones americanos e ingleses que cubrían el cielo de Innsbruck, vomitando bombas sin compasión por el afán de destruir. Las sirenas sonaban continuamente y Emil, su hermano y Oma se refugiaban en los sótanos o en los refugios antiaéreos. Las escuelas se cerraron, los alimentos escaseaban; había destrucción y muerte por todas partes. Los aliados avanzaban invencibles hacia Alemania, donde estaba Hitler con su comando superior. En 1945 Hitler se suicidó con su esposa en un bunker de su cuartel general. Los aliados recuperaron todos los países ocupados por Hitler.

Oma decidió entonces irse a Bludenz y Rading a la casa del abuelo de sus hijos. A Emil le consiguió trabajo y aprendizaje en el Hotel Alberg, un hotel situado en un pueblo pequeño, allá en las montañas, donde había campos para esquiar. Un lugar de mucho prestigio donde llegaban el Sha de Irán y la realeza de Viena y de otros países europeos. El aprendizaje empezó desde la cocina. Emil tenía trece años. El hotel Alberg estaba ocupado por las tropas francesas, otra parte de Austria por los rusos y otra por los americanos.

Emil asistía a la escuela cerca de Rading, viajando dos y tres veces en la semana desde el hotel. Allí estudió hasta los diecisiete años, cuando regresó a Innsbruck y trabajó en el hotel María Teresa, uno de los más renombrados de la ciudad. Oma había regresado a su apartamento con Herbert, quien asistía a la escuela en Innsbruck.

En el verano del 48 Emil se fue a Suiza y trabajó en St. Moritz en el hotel Steffanie, elegante hotel de esa ciudad famosa mundialmente por sus casinos y sus bancos. Por dos veranos laboró allí. En uno de sus paseos por el centro de Innsbruck, su ciudad natal, se encontró con un conocido de uno de los hoteles donde trabajó y éste le contó que estaba de viaje para Colombia, contratado por el restaurante Temel en Bogotá; según él, varios austriacos estaban trabajando en Colombia.

Emil pensó que le gustaría viajar a Sur América. Era el año 1949, tenía veinte años de edad y un corazón aventurero. Consiguió contrato con el Temel y con una maleta llena de artículos de primera necesidad –idea de Oma– se embarcó en Hamburgo, puerto alemán donde consiguió pasaje en un barco bananero que haría la travesía del Atlántico hasta el puerto de Santa Marta en Colombia. Transportaba doce pasajeros.

No sabía español. Esperaba contar en el restaurante con la ayuda de los otros austriacos. La llegada a Santa Marta le pareció apoteósica: una montaña coronada de blanca nieve en el trópico, con un mar a sus pies y un calor infernal en el barco y en la ciudad. Pero con sus veinte años todo era un descubrimiento, como si fuese un moderno Cristóbal Colón.

Cinco años vivió en Bogotá. Aprendió el español y a vivir con la altura de la capital. Exploró hasta donde pudo las regiones del país; inclusive hizo un viaje por el río Magdalena. Fue a la isla de San Andrés, apenas descubierta, y se enamoró de ella. Dos años después trajo a Herbert, su hermano, que tenía dieciocho años, a trabajar en San Andrés. Herbert se quedó en el archipiélago para siempre. Actualmente es Cónsul honorario de Austria en las islas. Dos años después, en 1952, Emil fue contratado para trabajar en el Hotel Tequendama, el más prestigioso de Bogotá. Allí trabajaba también Klaus Praxmayr, un austriaco que llegó a ser su mejor amigo.

Con los ahorros de su trabajo, Emil envió dinero a su padre para que le comprara un terreno en las goteras de Innsbruck y empezara a construir allí una casa. Después vino nuestro matrimonio en Cali y con esto terminó su estadía en Bogotá. Viajamos juntos a San Andrés para empezar allí una nueva vida. Lo de San Andrés duró solo seis meses, y luego, recién casados, debimos regresar a Bogotá en busca de empleo. Al poco tiempo de llegar a Bogotá, Emil consiguió trabajo en Estados Unidos por intermedio de Herbert Hupfel, un amigo austriaco.

Puede decirse que el carácter y determinación que acompañaron a Emil toda su vida fueron sus armas para escalar posiciones. Su capacidad de progreso y el deseo de probarse a sí mismo fueron su distintivo y su bandera durante el tiempo que se desempeñó en diferentes hoteles a través de los años. Supo siempre superar los obstáculos que surgieron en su camino. Demasiado seguro de sí mismo y de sus capacidades, y con un gran compromiso por su labor, parece que anteponía su trabajo a su familia. Pero nada más equivocado, porque Emil supo compaginar admirablemente esos dos ideales y fue un profesional brillante, pero también un esposo excelente y un padre ejemplar. Responsable y solícito, a su lado jamás temí el desamparo, y me sentí segura y protegida toda la vida.

Parte V

América

Una aventura afortunada

L A COMPAÑÍA DE AVIACIÓN Lloyd nos podía llevar por sesenta
dólares hasta Miami, en el año 1957. Emil estaba emo-
cionado, superlativamente dichoso por esta oportunidad
soñada que ahora se volvía realidad. Su inglés no era todavía muy
fluido; apenas había tenido unos meses de clases en Bogotá, en el
Colombo Americano.

Para mí este viaje representaba otra aventura, residir en un
país que nunca, ni en sueños, hubiese escogido. Mi gusto, mis
lecturas, iban más inclinadas hacia Europa. El día que partimos
me sentía preocupada por el viaje en avión. Había volado antes a
Barranquilla y Bogotá, pero éste era un viaje largo y en un avión
pequeño; seguramente llevaría más horas. Temía los mareos. En
ese tiempo los aviones no estaban tan estabilizados como en la
actualidad. Pero mis temores resultaron vanos; tuvimos un buen
viaje y llegamos a Miami sin novedad.

No recuerdo el aeropuerto de Miami. Mi curiosidad inmediata
se cifraba en la gente americana. Nos hospedamos en un hotel
pequeño frente a la playa. Por la noche salimos a comer a un restaurante, donde había avisos que decían: Black y White. Emil me
explicó que en los baños que decían "White" podía entrar. "Black"
era para los negros. En la estación de buses, los mismos avisos. En
el bus que nos llevaría a Chicago la parte de atrás estaba destinada
a los negros. Extraña segregación.

El viaje duró dos días; largos, muy largos. Recorrimos, durante lo
que me pareció una eternidad, carreteras que pasaban por poblados
sin gentes, como si nadie viviese en esos pueblos fantasmas; por
ciudades con muchos carros; planicies extensas sin finales; ríos
inmensos, turbios, solitarios; fincas con ganado...

Llegando más al norte empezó el frío intenso, cielos nublados,
niebla en algunos pueblos y veredas. No había visto la nieve sino
en las neveras. Esto era algo nuevo para mí y me pareció muy bella; me emocionaba ver los campos blancos, los árboles desnudos

goteando terrones transparentes o cubiertos como con algodón. Las casas, los árboles y los cercos cubiertos de una nieve resplandeciente formaban paisajes fantasmagóricos. Pasamos por las calles blancas de Chicago; una ciudad inmensa llena de rascacielos, avenidas y parques. Y por fin llegamos a la estación de los buses. Nos esperaban Herbert Hupfel y su esposa Nora.

Elkhart, Indiana

Llegamos a Elkhart a las cinco de la tarde. Esta era nuestra ciudad de destino, apenas a dos horas de Chicago. Entramos a la calle principal donde quedaba el hotel de ocho pisos en el que Emil trabajaría; pasamos unos rieles de tren y más allá, en la misma calle, estaba la casa de los alemanes, donde ocuparíamos una pieza.

Vivía allí un matrimonio con su hijo de unos catorce años; nos recibieron bastante amables, como acostumbran hacerlo los europeos. Subimos a la segunda planta, donde había dos alcobas y un baño. La pieza que ocupábamos tenía dos ventanas largas desde donde se divisaban la calle y los rieles del ferrocarril. Parece que en muchas ciudades de los EE.UU. los trenes circulan casi por el centro de la población.

Vivimos aquí unos cuatro meses. Un país extraño, una gente extraña. Los habitantes de la casa eran gente bastante ordinaria, robusta y mal vestida. Al día siguiente de nuestra llegada, la alemana me mostró el resto de la casa, la cocina, la nevera y la estufa; no le entendía absolutamente nada, me sentía como un pez fuera del agua.

Emil empezó su trabajo en el hotel; en un principio como ayudante de Herbert Hupfel, quien era el chef general. Los alemanes que vivían en la casa se iban de día al trabajo; su hijo también salía. Yo me quedaba sin nada qué hacer, mirando de una ventana a la otra, el cielo gris, los árboles desnudos, la nieve trillada de las calles. Las casas lucían silenciosas, como si estuviesen deshabitadas. Los automóviles que pasaban cubiertos de frío parecían enfermos. Así pasaban los días en la espera de la noche cuando llegaba Emil y me contaba del hotel, de su trabajo, de Herbert Hupfel. No tenía nada qué hacer para engañar el tiempo; sin embargo, el solo pensamiento de que estaba en Estados Unidos —ese gran país al que un día vendrían también mis hijos— me ayudaba a soportar la soledad.

Mi mente se ingeniaba en buscar escapes. Como en el viaje de Tumaco a Popayán, empecé a recorrer otra vez mi niñez en la isla, las aventuras del viaje al Morro, al Piñal, a Bocagrande, y tantos otros; los años pasados en la Normal, el tiempo ido y todo aquel panorama de mi vida. Y ahora, ¿qué me traería el mañana?

Algunos días nevaba. Eso era algo nuevo para mí. ¡La nieve me parecía tan bella! Me entretenía viéndola caer y cubrir las calles, los árboles, los tejados. Cuando de noche regresaban los alemanes, la casa recobraba la vida. El muchacho subía pesadamente las escaleras para escuchar la televisión y masticar la docena de manzanas que tenía en un platón enorme. Hablaban con fuerza, había vida, ruidos.

En este nuevo ambiente poco a poco iba conociendo a Emil. Nuestra estadía en la isla de San Andrés fue muy romántica a pesar de las vicisitudes económicas. En ese paraje mágico era muy fácil aprender a querernos. Aquí en Elkhart, las largas ausencias, su afán por ascender a otra posición, su aprendizaje del inglés y la complacencia por haber logrado la entrada a este país me mostraron otro Emil: disciplinado en su trabajo y en sus gastos, pragmático e impenetrable, muy parco a veces en su conversación y de una seriedad exagerada. Un Emil que también aprendí a entender y querer.

Después de unos meses nos fuimos a vivir a la casa de Herbert y Nora. Nuestro apartamento quedaba en el segundo piso. Recuerdo la dirección: 411 Cedar Street. Para entonces esperaba ya el primer hijo de Emil. Nora trabajaba en una oficina de Miles Laboratorios, conocidos por el Alkazeltzer y el Bactine. Esta vez la soledad y las horas de ausencia no fueron tan duras. Emil me compró un televisor. Aunque no entendía nada tenía compañía. Me hacía falta leer. Pensaba mucho en mis hijos, allá en Colombia. ¿Cuándo los podría traer? Economizar con su poco sueldo era un problema y ahora la necesidad primordial era adquirir un automóvil, pues a Emil le quedaba muy lejos el hotel. Cuando pudimos comprar el carro lo trajeron al frente de la casa y allí estuvo por meses. Emil no sabía manejar. Herbert le dio unas clases. Emil trató de practicar dándole la vuelta a la manzana, pero no pasó el examen de conducción. Sólo seis meses después consiguió la licencia. De nuevo empezamos a economizar, esta vez para comprar una casita.

El nacimiento de Werner fue increíble. Mi médico, al que habíamos acudido por consejo de Hans Himmel, un amigo alemán de Emil, resultó que era homeópata y creía en las curas naturales y ningún control de peso; yo parecía un luchador japonés de sumo. El parto –muy doloroso– fue en un hospital homeopático en South Bend, ciudad cercana, famosa por la Universidad de Notredame. Werner, físicamente, era mi hijo, con sus cabellos oscuros y sus ojos cafés. No sacó el tipo austriaco de su padre, solo su carácter.

En el segundo año de haber llegado a Elkhart compramos nuestra primera casa en una esquina de Arcade Avenue, con un lote grande y garaje. Para entonces, Herbert se había marchado para New York en busca de hoteles internacionales. Emil lo reemplazó como chef; su sueldo mejoró, pero sus horas de trabajo seguían igual.

Le escribí a Hernán para organizar el viaje de mis hijos; ya teníamos casita, le expliqué. En su carta prometía mandar primero a Lisandro; pero teníamos que buscar a alguien que viajara con él. Entonces le escribí a Graciela, una amiga de Bogotá y la invité a que viniera con Lisandro. Ella aceptó. Lisandro tenía unos once años cuando llegó a Elkhart con mi amiga. Inmediatamente lo matriculamos en la escuela; no sabía una palabra de inglés. Yo estaba feliz de tener de nuevo a mi hijo y poder educarlo en Elkhart. Para esta época ya esperaba a Marcel, mi segundo hijo con Emil.

Triny y Helena vendrían después de terminar el año escolar, y Hernán sería el último en venir por el costo de los pasajes y pago de pasaje adicional para la persona acompañante.

Mi suegra, Eloise Vonblon Egger, a quien cariñosamente llamaba "Oma" (abuela), también me vino a visitar y se quedó hasta el nacimiento de Marcel. No hablaba sino alemán y entendernos fue un problema. Marcel llegó a este mundo con el físico de su padre y el carácter de su madre.

Con tres hijos no había lugar para sentir la soledad. Emil, en cambio, con sus largas horas de trabajo, apenas sí podía gozar a sus hijitos. Los domingos –día libre– salíamos en el carro a los lagos vecinos. En los inviernos tristes íbamos a los parques, donde los pequeños podían usar el tobogán.

Yo estudiaba inglés en la casa con libros hasta que aprendí a leer, pero todavía no podía conversar ni entender. Escuchaba radio y veía televisión todo el día para acostumbrarme a entender ese nuevo idioma ya que no tenía otra forma de aprender. Para este entonces ya Hernán me comunicó que una prima mía, Isaura Sánchez, traería a Triny y a Helena antes de que empezaran las clases en septiembre. ¡Dos hijos más! Una gran alegría. El problema era la casita con sus dos alcobas. Emil empezó a buscar una casa más grande. Vendimos la pequeña para pagar algo de la nueva, situada frente al río San Joseph: una casa de ladrillo de tres pisos, estilo inglés, con muchas ventanas y escalinatas y cubierta su fachada con enredaderas que la hacían lucir muy acogedora y coqueta. En su interior un salón muy grande con chimenea y puertas francesas que daban paso al comedor, decorado con un buffet de madera muy fina, empotrado en la pared, y vidrieras con dibujos alineados con plomo, como vitrales. El vestíbulo con closet y un baúl de descanso, todo en madera de roble, lo mismo que la escalera que conducía al segundo piso. El primer piso tenía un tapete rojo bermellón, así como las escaleras y el corredor del segundo piso. Las alcobas, muy claras, con ventanales largos desde donde se divisaban los puentes y el río bordeado de árboles. Tenía una terraza cubierta en el segundo piso, que daba al jardín y al garaje. La cocina con su despensa y pieza para máquinas de lavar y otra piecita para guardar útiles de limpieza y de jardinería. En el sótano estaba el bar y el salón de recreo. Describo con detalle esta casa porque fue la más cómoda, estilizada y acogedora que tuvimos durante los años que vivimos en Elkhart.

Cuando llegaron Triny y Helena todavía estábamos en la casa de Arcade, pero pronto nos pasamos a la 119 N. Riverside. ¿Cómo podría expresar en estas líneas la felicidad que sentía? Era maravilloso haber recuperado ya a tres de mis hijos. Emil pasaba en el hotel la mayor parte del tiempo, pero ahora con cinco hijos el oficio era bastante y las horas pasaban tan rápido que no tenía tiempo para sentir su ausencia. Los domingos nos desquitábamos; salíamos todos, con Emil como chofer, al lago Michigan en busca de playas y agua. Triny y Helena empezaron sus clases en la misma escuela que Lisandro. Una escuela pública; por primera vez no había que pagar mensualidades.

Emil progresaba en su trabajo y fue nombrado Catering Manager. Salió de la cocina. Ahora tenía oficina y secretaria. Desde entonces comenzó a usar saco y corbata. Cambiamos de automóvil a uno en mejores condiciones y muy grande, como se usaba en esa época de los años sesenta.

Triny y Helena aprendieron su inglés muy rápido. Lisandro sacaba las mejores notas en inglés y en las otras materias. No había nadie que hablara español. Marcel y Werner fueron también a la escuela. Yo saqué la licencia para manejar y dispuse de más libertad para empezar a organizar mi tiempo; tomé clases de pintura y clases de bridge, para poder practicar inglés. Ingresé al Club Internacional y allí conocí personas muy interesantes. El mundo social empezó a extenderse. Tenía una vecina, Alice Holtz, muy activa socialmente, que me introdujo en el mundo del bridge; jugábamos a menudo. Hice amistades por todas partes con gentes con las que tenía cierta afinidad, participé durante mis años en Elkhart en obras de ayuda para recoger fondos para el tratamiento del cáncer y el corazón; organicé desfiles de modas y otras actividades. Mi nombre y fotos aparecían en el periódico de la ciudad; así mismo Emil era persona importante en la ciudad. Elkhart, una ciudad de cuarenta mil habitantes con una colonia internacional y gente de recursos económicos bastante altos, era un centro de cultura y refinamiento; por supuesto, había mucha actividad social en los clubes y en las mansiones del río St. Joseph, donde vivían empresarios y ejecutivos de compañías.

El tiempo fue pasando. Emil progresaba; el gerente y la junta del hotel Elkhart lo nombraron vicepresidente del hotel y del Holiday Inn. Habían adquirido últimamente un hotel moderno de dos pisos. Lisandro se graduó de bachillerato y se fue a estudiar administración de empresas a Indiana University, en Bloomigton. Triny asistía al Goshen College; estudiaba química. Helena resolvió regresar a Cali y estudiar secretariado bilingüe y cuando terminó regresó a Estados Unidos. Werner y Marcel fueron buenos estudiantes, a pesar del cambio de escuelas.

En Elkhart conocí a la gente norteamericana y me sorprendió la generosidad y la hospitalidad que tuvieron para conmigo. Mis vecinas me brindaron su amistad sin reticencias y me recibieron como a una de ellas; me hicieron sentir bienvenida, tenían paciencia para entender mi inglés.

Emil con su inteligencia y trabajo se hizo conocer en el medio hotelero como una persona responsable, honesta y de una integridad única. Su don de gentes y su disciplina austriaca fueron determinantes en su carrera hotelera.

Triny se casó seis meses después de haber ingresado a sus estudios universitarios. En la universidad conoció a Víctor Obando, un estudiante que asistía a Goshen Collage, que la convenció de ir a Chicago a visitar su familia. El padre era un ministro de la iglesia menonita. Casó a Triny con Víctor sin avisar a la familia. Triny no siguió estudiando y se quedó en Chicago con su esposo. Esto me causó mucho dolor. Yo quería otra suerte para mi hija: el estudio, terminar una carrera; cosas que sabía eran muy importantes para su futuro. Una muchacha venida de un internado de nueve años en Popayán poco sabía del mundo y de sus patrañas. Víctor y su padre la embaucaron.

Cuatro años después, en 1971, Lisandro consiguió su diploma y resolvió regresar a Cali porque estaba fichado por el ejército americano: Vietnam era problema número uno y casi todos los reclutas iban a parar a Saigón a engrosar las filas del ejército americano en su lucha contra los comunistas del Vietcong. Lisandro quería estar con Hernán que vivía en Cali terminando su universidad.

Hernán, mi hijo, nunca pudo emigrar a mi lado. Cuando quise llevarlo conmigo de regreso de mis viajes por Colombia, Rita y Hernán me rogaron que lo dejara terminar el bachillerato. Alegaron que seis hijos eran mucha carga para Emil. Yo accedí pensando que después lo llevaría, y así pasaron los años. Luego, Hernán ingresó a la Universidad del Valle, y así se fue quedando, pero nos visitó dos veces en Estados Unidos. Durante una de esas visitas, en junio de 1970, recibió un telegrama que traía funestas noticias: su tío, el doctor Hernán Rebolledo, había fallecido. Regresó en seguida para encontrarse con la familia y sobrinos del doctor, reunidos en la casa, y encargados del entierro y pormenores relativos a los asuntos del que fuera "jefe del clan Rebolledo".

Una vida que se apagó dejando historias tristes para contar. Los recuerdos de sus años de estudiante en Bogotá y sus años como médico, quién sabe por qué no fueron resaltados; parece que no fueron importantes. Los recuerdos que sí quedaron fueron las actividades luego de su retiro: cuidar de la casa con Rita y Carola como principales actrices del reparto y jefe del clan Rebolledo. Cuidar a control remoto a mis tres hijos: Lisandro, Triny y Helena; cuidar a Hernán, mi hijo menor, muy cerca de él, y a Guillermo durante sus últimos alientos. Al final, se quedó solamente con Rita y Hernán, mi hijo, hasta que lo sorprendió el final de su vida. Que descanse en paz, dondequiera que esté, es mi deseo sincero, porque a pesar de sus errores fue hermano de Guillermo y tío de mis cuatro hijos.

1968 – Hammond, Indiana

De pronto, en medio de este panorama idílico en el que transcurría nuestra vida en Elkhart, surgió algo inesperado: se vendieron los hoteles. Esto fue como un chaparrón de agua fría que cae en una fiesta que se disfruta hasta el máximo. El hotel Elkhart pasaría a convertirse en apartamentos para gente retirada y el Holiday Inn seguiría, pero con otro nombre.

¿Qué hacer? ¿Marcharnos? ¿Quedarnos? A Emil le ofrecieron entonces una posición en un club privado en South Bend con un sueldo muy bueno. No obstante, eso no era lo que Emil quería para su futuro. Tenía treinta y ocho años. De común acuerdo pensamos que sería mejor empezar en una compañía de hoteles que ofreciera posibilidades de progreso. La compañía del Holiday Inn., con su sede en Memphis y cientos de hoteles, le ofreció la administración de un hotel pequeño que construían en Hammond, a dos horas de Elkhart. Tendríamos que vivir en el hotel; le dije que aceptara.

Tomar esta decisión no fue fácil. Dolía tener que dejar la casa de nuestros sueños, en la que habían nacido nuestros dos hijos y en la que habíamos vivido momentos tan felices. Y tampoco resultaba fácil despedirse de los buenos amigos de tantos años. Elkhart había sido pródigo en ventura para con nosotros. Habíamos disfrutado la acogida y calidez de su gente y el respeto y afecto de los empleados de los hoteles en los que Emil trabajó. Sabíamos que sería difícil encontrar ese ambiente en otra parte, pero sabíamos también que en este momento era importante empezar de nuevo, aunque el sueldo fuera menos de la mitad.

Emil marchó primero y yo debí quedarme organizando la mudanza. Al quedarme sola en el caserón con mis dos hijos fui haciendo inventario de todas las cosas que habíamos acumulado a través de esos años y de las cuales, forzosamente, debíamos deshacernos. Emil nos esperaba solo con las maletas de ropa. Tres pisos de muebles, vajillas, lámparas, ropa de cama, batería de cocina. ¡Una verdadera locura! Y una labor casi imposible de disponer en tan poco tiempo de tantas cosas a fin de desocupar esa querida e inolvidable casa. Atrás quedarían los rostros de la gente que conocí por años. Me dolió sobre todo despedirme de mi vecina Alice Holtz, que como una hermana me ayudó siempre y con la que compartí tan buenos ratos de bridge. No nos vemos hace tiempo, pero la suya ha sido una amistad probada en la arena del tiempo; continuamos escribiéndonos de vez en cuando. No era esta, sin embargo, la primera vez que me quedaría sin casa. ¿Acaso en Cali no se quedó huérfana mi casa de San Fernando? En esa ocasión solo pude llevarme alguna ropa al marcharme a Bogotá.

La casa de Riverside fue arrendada cuando quedó vacía y partimos para Hammond. Era como otro destierro. En las afueras de la ciudad, cerca de la autopista por donde desfilaban carros de toda clase, apareció el hotel como una isla en medio de nada; en la distancia se divisaban las chimeneas de los altos hornos de las siderúrgicas. Un humo gris cubría el cielo de Hammond y Gary, ciudades gemelas. Pensé: "La historia se repite: quedar sin las casas; Cali y Elkhart; los altos hornos de la siderúrgica: Belencito y Hammond". Nuestro apartamento en el hotel tenía dos alcobas, cocineta y dos baños y una sala amoblada.

Una ironía de la vida: volver a empezar después de tenerlo todo. Aquí no teníamos vecinos, solo campos abiertos. La escuela para Werner y Marcel quedaba al otro lado de la autopista; tenía que llevarlos en el carro y recogerlos. Después de un mes me aventuré a ir a la biblioteca de Hammond, ofrecí mis servicios para enseñar bridge y pintura, gratis. Quería hacer algo con mi tiempo libre porque las comidas del restaurante y el servicio de arreglo del apartamento estaban incluidos en el contrato de Emil. Debía llenar mi tiempo de alguna forma. Hubo una acogida sorprendente a mi invitación; acepté apenas cuatro mesas de bridge y unas cinco personas para pintura. Así conseguí amistades hasta que partimos nuevamente. Esta vez rumbo a Springfield, en Massachusetts. Un año en este hotel fue más largo que cinco años de vida.

Springfield, Massachusetts

Salimos de Indiana bordeando el estado de Michigan, por el lago, y siguiendo por el norte en el estado de New York llegamos a la variada topografía de esta pequeña región de Massachusetts. Cerca del hotel, de ocho pisos, había un río y un puente. Los puentes siempre me atrajeron. Nuestro apartamento estaba situado en el primer piso, al frente de la piscina; en el octavo piso un restaurante circular en constante movimiento con vista panorámica. Este apartamento era bastante grande y cómodo. Aquí vivimos cinco años, ¡gloriosos!

La escuela católica Catedral, dirigida por una comunidad de monjas, quedaba muy cerca. Marcel pasó después donde las Ursulinas, una escuela privada de monjas italianas. Werner se graduó en la Catedral. De Lisandro sabía que trabajaba primero en Palmolive, en Cali, y después en Quaker, dos compañías americanas. Triny vivía en Oack Park en Chicago, donde Víctor, su esposo, era maestro de escuela. Hernán terminó la universidad y recibió el título de ingeniero químico. Helena conoció a Richard Anderson, su futuro esposo, en California, adonde había ido de vacaciones con una amiga. Richard, un ex combatiente de Vietnam, oriundo de Minessota, era de familia noruega. Se casaron en Chicago; Emil y yo asistimos a la ceremonia.

Springfield era en aquellos días una ciudad acogedora, organizada en lomitas con muchos árboles y parques, sitios históricos, colegios de fama internacional, dos museos de arte y una vida cultural bastante interesante.

Decidí tomar clases de inglés y de pintura en un centro de enseñanza. Entré al museo como voluntaria y allí recibí clases de arte con profesores del Museo Nacional de Washington. Poco después empecé a trabajar en el museo como docente encargada de mostrar los cuadros máster y las diversas exposiciones que venían a los dos museos. Enseñé también pintura a un grupo de mis amigas del grupo de bridge; asistía a conciertos y con el grupo de pintura íbamos a los shows de Brodway en New York, y al teatro a las presentaciones de ballet internacional.

Durante la estadía en Springfield, en las vacaciones de verano, hicimos un viaje con Emil al Japón, China y Taiwán y regresamos por las islas Hawai. A Werner y Marcel los mandamos por tres meses a Europa, donde Oma, mi suegra. Ya antes había visitado Austria varias veces con los niños, y pasado temporadas de meses con Oma en su apartamento de Insbruck.

Con mis hijos viajamos también a Colombia a visitar a mi madre, que aún vivía en la isla del Morro. Realizamos otros viajes a Memphis, en Tennessee, para las convenciones de la compañía. Fueron viajes muy agradables en los que asistíamos a banquetes, cocteles, bailes de gala; eventos muy agradables y elegantes. Lo mismo en Chicago, San Francisco y otras ciudades. Por aquellos días Oma nos visitó por segunda vez.

Mientras tanto Lisandro se casaba con Stella Botero. Con Marcel viajamos a Cali para estar presentes en este matrimonio. No podía creerlo: Lisandro tan joven y ya casado, pero eligió bien, porque la novia era una niña muy linda y de grandes cualidades.

Durante nuestra permanencia en Springfield compramos la finca La Margarita, en La Buitrera, de Cali. Más adelante hablaré sobre La Margarita y otras propiedades, en capítulo especial. Las amigas que hice en Springfield fueron increíblemente interesantes, cariñosas y delicadas, como si fueran amigas de miles de años.

San Antonio, Texas

Me encontraba en Cali, en la finca La Margarita, construyendo senderos, parqueaderos y remodelando las casas cuando recibí la noticia del cambio de hotel de Emil. Iría a manejar un hotel en San Antonio, Texas. Ya Werner había aplicado para varias universidades y se decidió por North Easter University en Boston. Estudiaría Mercadeo Internacional. Marcel todavía tendría que terminar su bachillerato en Texas.

No tenía cómo dejar la construcción. Emil tuvo que hacerse cargo del traslado; claro que la compañía se encargó de la empacada y del transporte directo. Cuando llegué a San Antonio, fue triste. Nunca pude despedirme de mis queridas amistades en Springfield. No obstante, he guardado correspondencia por años con algunas de ellas.

Marcel había sido matriculado en una escuela cerca del hotel; no quería ir más a la escuela católica. Tiempos de rebelión. La vida de hotel no es fácil para niños y menos para adolescentes. El apartamento en el cuarto piso había sido decorado por un gerente que había visitado el mundo de las Mil y una noches: cortinajes rojos de terciopelo, tapete negro y blanco, muebles de terciopelo casi negro. Una decoración realizada por un soltero. Aquí vivimos por dos años, y luego todos estos muebles fueron a parar a un apartamento que compramos en Cocoa Beach, cerca del mar y la playa.

El hotel estaba situado en el centro de San Antonio, una ciudad con algunos monumentos históricos, misiones y El Álamo, un río más bajo que la ciudad donde andenes, puentes, restaurantes y barcos representan un atractivo más para los turistas; una ciudad con influencia mejicana en su arquitectura, en las costumbres, en los alimentos y hasta en la forma de hablar.

Se respira un ambiente similar en muchos aspectos en Texas y México. El idioma inglés tiene un acento único en la región. La moda texana: botas de punta y tacón, cinturón con hebilla grande y sombreros de piel muy grandes.

La vida social para Emil y para mí consistía en comidas en otros hoteles, comidas en la casa del jefe director de los hoteles y con otros gerentes. Retomé mis clases de pintura con artistas de renombre en el cielo texano, pero no veía la hora de que nos mandaran a otra parte, a otra ciudad. En el ínterin, Marcel se graduó de bachillerato y entró en la universidad en Kingsville, al sur de Texas. Realicé viajes a Colombia y Europa y con Emil fuimos a visitar a Oma, en Austria, y nos quedamos con ella unos días.

Rochester, New York

Llamada la ciudad gris, Rochester está situada cerca del lago Erie. El hotel estaba ubicado muy cerca del puente sobre el río Genesse. Este fue el más lindo de los hoteles en los que vivimos. Parecía un trasatlántico en tierra firme, tenía quince pisos y ocupaba una gran extensión a la orilla del río. El Genesse Plaza Hotel.

Nuestro apartamento estaba ubicado en una esquina del piso quince. Una suite famosa porque allí se habían hospedado el presidente Ford, Henry Kisinger, la actriz Sofía Loren, y muchos otros personajes famosos. La decoración completamente italiana: colores pálidos como el manzana, el amarillo suave y el durazno con acentos dorados; lámparas de alabastro, chandelliers de cristal italiano, papel en las paredes. Los cortinajes, muy elegantes, eran de terciopelo, con borlas de colores manzana. La alcoba con dos salitas, closet de pared a pared y ventanales inmensos. Aquí vivimos dos años ¡gloriosos!

Rochester es conocida por ser la sede de Kodak. El hotel tenía dos restaurantes con menús de cocina gourmet; salones de convenciones para mil clientes y teatro vivo donde se representaban obras musicales bastante elaboradas al estilo Brodway. Emil estaba impresionado; tenía cantidades de empleados que hacían su trabajo mucho más fácil.

Por aquellos días viajé a Colombia a seguir con los proyectos de la finca; al regreso me traje conmigo a Michelle, de doce años, hija de Triny. Para este entonces Triny se había separado de Víctor Obando y tenía tres hijos. Se radicó en Cali durante un tiempo, luego se fue a vivir a California. Helena también vivía en Redding, California, con su esposo Richard Anderson.

Boston, Massachusetts

El nuevo cambio vino para Emil en la forma de una promoción. Fue nombrado director del distrito de un área que incluía Massachusetts, Vermont, New Hampshire, Connecticut y parte de New York State. Esta vez tendríamos que vivir fuera del hotel, en un apartamento o casa. Compramos muebles usados, pero en buenas condiciones, en el hotel de Rochester. Conseguimos apartamento en Park Place, muy cerca del río Charles; nos alojamos en un cuarto piso de un edificio de un conjunto residencial, casi en el centro de la ciudad, cerca de todo. Boston es una ciudad para caminar. Sus calles adoquinadas, sus faroles, sus parques encerrados con verjas de hierro; sus decenas de estatuas, el encanto de sus árboles y la adustez de sus iglesias y cementerios cubiertos con la pátina misteriosa de tiempos idos, invitan a recorrerla ya sea en bicicleta o caminando. El río Charles con sus avenidas y parques entre puente y puente es un sitio para trotar, caminar y admirar los veleros que se mueven en la placidez del agua.

Boston es una ciudad de gente joven y circunspectos profesores con aire de intelectuales que deambulan por los parques de las tantas universidades diseminadas a ambos lados del río Charles. Aquí estudiaron Werner y Marcel. Marcel terminó la universidad que empezó en Texas, luego en Rochester y por último en Boston University, que le dio el grado de administrador de hoteles y restaurantes. Werner se recibió con el título en negocios internacionales.

A Emil le tocaba viajar constantemente, visitar hoteles de la compañía y franquicias. Tenía automóvil de la compañía para sus viajes que lo llevaban, por días, de estado a estado. Por aquel tiempo yo viajaba constantemente a La Buitrera, en Cali, para seguir con los proyectos de la finca La Margarita. Cada año empezábamos uno. Queríamos hacer de La Margarita un lugar soñado. Siempre me quedaba algunos meses disfrutando de mi paraíso.

Visité a Triny y a Helena en California. Helena trabajó primero en el hospital de Redding como secretaria y después en el Departamento de Contabilidad. Triny estudiaba enfermería en la Universidad. Sus tres hijos asistían a escuelas. Springfield quedaba a dos horas de Boston por carretera. Me quedaba fácil visitar amigas en Longmedow para jugar bridge, ir a exposiciones de pintura, al museo, o solamente reunirnos para cambiar ideas.

Las convenciones en Hawai y las islas del Caribe eran algo extraordinario. Los invitados eran dueños de hoteles en todo el mundo. Por supuesto, la compañía gastaba un capital en atender a todos estos importantes clientes. Emil y yo siempre estábamos con los altos dirigentes de la compañía. Nos invitaban a sus mesas, a su piso en los hoteles y a viajar con ellos en las limusinas.

Entre los programas que se organizaban solamente con el fin de entretener a las esposas asistía a conferencias, desfiles de modas, visitas a museos y centros famosos, y demostraciones de belleza. En New York asistimos a miles de programas. Creo que esta fue mi última convención y la más elegante de todas. Conocimos muchas ciudades en Canadá, Estados Unidos y México, pagados todos estos viajes por Holiday Inn. Por cuenta de la compañía conocimos también New Orleans, Seattle, Orlando, New York, San Francisco, Los Angeles, Memphis, Rochester, Boston, Springfield, Chicago, St. Diego, Hawai; en Canadá, Toronto y Montreal; en México, Ciudad de México y en las islas de Bahamas Nassau y Free Port. En todas estas ciudades se realizaron convenciones.

Boca Ratón, Florida

De Boston, Emil fue trasladado a Florida con oficinas en Boca Ratón. Allí vivimos siete años. Compramos apartamento en Sweet

Water Lane, entre el estero y el océano Atlántico. A Emil le tocaba supervisar setenta y cinco hoteles desde el sur de Orlando hasta Key West, incluyendo las costas Este y la del Golfo.

En Boca Ratón empecé una nueva vida: en primer lugar decidí no hacer amistades. En la finca La Margarita vivía sola por meses y descubrí que la naturaleza venía a llenar el tiempo que pasaba antes con amigas. Fue algo así como un reencuentro con mis sentimientos y con mi yo interior. Además, Triny, mi hija mayor, que vivía en California, decidió venir a vivir con sus tres hijos a Florida; se vino manejando el carro con su familia y dos gatos. Cuando llegó la ayudé a organizarse: conseguir apartamento y trabajo. Ya tenía su grado de enfermera y experiencia para llenar aplicaciones. Consiguió trabajo en el Community Hospital de Boca Ratón.

Con Emil pasábamos horas en la playa y nadábamos en ese mar tibio sin olas mayores, y viajábamos de vez en cuando hasta Cocoa Beach, donde teníamos el apartamento y donde en cambio había playas enormes con un mar de olas. Nos sentíamos felices de estar en Florida y cerca de Colombia. Unos años después Marcel y Werner también emigraron a Florida.

En esos años asistimos a convenciones en San Francisco y New York. Viajamos a Europa donde Oma y de allí, después de visitar a la familia de Emil, fuimos a Venecia y al lago Legarda, en Italia, donde teníamos amigos. En otros viajes fuimos a Viena y de regreso a Estados Unidos pasamos por Amsterdam, en Holanda. Con Herbert y familia nos encontrábamos en ocasiones en Innsbruck para hacer viajes a los valles de Austria, Suiza e Italia.

Finalmente, Emil decidió retirarse a los sesenta y dos años. Había trabajado desde los trece años; era justo su retiro. El límite era sesenta y cinco años de edad, pero él quería quedarse más tiempo en La Margarita y disfrutarla.

Parte VI

El retiro

Una lucha por vivir

URANTE LOS SIETE AÑOS en Boca Ratón compramos otro apartamento en el 505 N Atlantic de Cocoa Beach, en el quinto piso de un edificio situado en una esquina cerca del mar. Esta ha sido nuestra residencia de todos estos años. Tiene una vista increíble del mar, los esteros, lagunas y puentes entre islas: Merritt Island, entre otras. De verdad que no me dolió salir de Boca Ratón y vender el apartamento de Sweet Water Lane.

Boca Ratón es una ciudad ostentosa, con pretensiones millonarias y con millonarios, donde se retiran ejecutivos de las grandes compañías. En realidad un play–ground para toda clase de gente con dinero de sobra. Se respira allí un ambiente caro, de impresionismo, de direcciones exclusivas.

Durante el retiro de Emil (a los sesenta y dos años) dividimos el año así: tres meses en Austria, cinco meses en Cali, en La Margarita, y el resto en Cocoa Beach. Pasamos muchos meses en la finca debido a los tantos proyectos por hacer. Día a día nos atraía más la estadía en La Margarita, un lugar soñado en el sur de Cali. En Austria teníamos amigos y cada día había algo en qué entretenerse: invitaciones a los bosques, a los valles, a las casas familiares. Visitamos Klagenfurt y Bludens para ver la familia de Emil. Llegábamos donde Margaret Praxmayr. Klaus había muerto. Oma estaba en el sanatorio de Insen. Margaret tenía una alcoba y un baño muy lindo para Emil y para mí.

De Austria hacíamos viajes a España, Francia, Suiza, Alemania e Italia y Slovenia. Antes de la muerte de Klaus viajamos con él por todos los rincones de Austria. En el año 1997, estando en la finca en Cali, Emil tuvo que viajar a Innsbruck en enero, en pleno invierno, que en el Tyrol es cruel. Oma, su madre, iba a entregar el apartamento y necesitaba salir de todo; ella iría a vivir en Insen, un sanatorio privado para personas que no pueden vivir solas.

Durante un mes, en ese frío aterrador, Emil se dedicó a desocupar lo acumulado toda una vida por alguien a quien no le gustaba botar nada. Mi suegra era así. Cuando Emil regresó a Cocoa Beach tenía las glándulas del cuello inflamadas. Fue donde un médico y le dio la terrible noticia de que tenía cáncer en las glándulas linfáticas. Devastadora noticia. Esta enfermedad es progresiva y sin cura alguna.

Se supone que a mi regreso de Cali viajaríamos a Australia, pero con esta noticia del cáncer se me enfrió el alma, la tierra dejó de girar, el sol se apagó y no hubo alientos para empezar un viaje largo. Nos quedamos con Emil como en suspenso, colgados en el viento. Emil visitó un centro canceroso; éste era quizás su segundo año de la enfermedad que no se había declarado, a pesar de lo que decían los exámenes de sangre. La vida empezó a vivirse alrededor del cáncer; los tratamientos se convirtieron en la rutina de viajes de veinte minutos a Merritt Island, donde estaban los consultorios.

Todavía podíamos viajar a Europa y Cali. Con Herbert arrendamos un apartamento en un pueblo cercano a Innsbruck. Hicimos viajes a Venecia y otras ciudades de Italia, a los valles de Austria; a Salsburg, la tierra de Mozart. Después, en el siguiente año, vinimos a Cali, a la finca. Al regreso en junio fuimos otra vez donde Margaret en Austria. Herbert y familia arrendaron un apartamento cerca de Innsbruk; ellos irían después a Francia e Inglaterra. Emil y yo viajamos a la Riviera italiana y francesa, luego a España y atravesando España regresamos por el norte; visitamos Lourdes en Francia; luego llegamos a Suiza y de regreso nos quedamos en Innsbruck. Cuando arribamos a la ciudad, teníamos la noticia de que Oma estaba en el hospital. Herbert había regresado de Londres. Oma murió un día de mayo –¿o fue de junio?–. Sus dos hijos, sus nietos y toda la familia estuvieron allí para acompañarla a la tumba. Emil, que adoró a su madre en los últimos años de su vida con un amor poco común, se sintió perdido por unos días. Tuvo que hacerse cargo del funeral e invitados con mucho esfuerzo debido a su pena. Oma escogió su día y su tiempo para despedirse de sus hijos.

Al regreso a Cocoa Beach su chequeo médico mostró que el cáncer había progresado, su energía no era la misma. Era el año 2001. Los tratamientos seguían su curso; ya iban cuarenta. Su piel empezó a deteriorarse. Carcinomas por todas partes. En los últimos años esa energía innata en él empezó a desaparecer.

El médico lo inscribió en un programa de la Universidad de Florida en Gainesville. Era un tratamiento auspiciado por la Compañía Lily, productora de drogas. Recibió ocho quimioterapias de doce que eran. No pudo resistir los efectos. Personalmente creo que estos tratamientos terminaron con su energía y sus defensas.

Le aparecieron melanomas en los brazos y la cabeza. Empezaron los problemas intestinales, los de la vejiga y los de los pulmones. Para entonces ya eran regulares los viajes al hospital por diferentes motivos. En enero de 2002 yo había viajado a Cali. Emil finalmente consiguió permiso del urólogo y del oncólogo para viajar a Cali a pesar de que sufría de una infección. Durante todo el mes pasado en la finca estuvo muy enfermo y hubo que llevarlo dos veces a un hospital. De regreso a Estados Unidos, por primera vez en quince años no viajamos como todos los veranos a Europa. Si uno piensa en todas las medicinas que recibió su cuerpo, en los antibióticos por galones, etc., se comprende por qué sus glóbulos blancos estuvieran siempre tan bajos. Las transfusiones de hemoglobina se convirtieron en regulares cada dos o tres semanas. La pesadilla continuaba día a día; su cuerpo se iba esfumando, por así decirlo. Solamente su espíritu seguía invicto. Emil tenía todavía energías para luchar y para vivir.

Un día, o mejor una noche, lo contemplé sentado al borde de la cama mirando la nada, alumbrada la alcoba por las luces de la calle. La silueta de Emil que reflejaba el espejo del mueble tocador era una figura enjuta, como la de un anciano de siglos; parecía derrotado. Entendí que el tiempo corría inexorable. Tenía que despedirme de él poco a poco, tal como lo hice la primera vez con la enfermedad terminal de Guillermo, mi primer esposo. Nuevamente volvería a quedarme sola. En mi mente empecé a fabricar un cuento: el del "camino de ir, y no volver", sería un viaje largo y había que preparar la partida. Aunque parezca cruel, empecé a despedirme irremediablemente.

Emil partiría un día dejándome toda clase de recuerdos para continuar viviendo en los años que me quedaran de vida. Con esa idea fui sorteando las tristezas, la frustración intensa de verlo sufrir sin poder ayudarlo, de verlo sumido en la ansiedad, en sus momentos de melancolía. No era yo la que se alejaba, aunque así lo pareciera. Eso era imposible. En ese camino que le tocó recorrer fue Emil quien se fue alejando poco a poco cambiando la rutina de estar juntos. Me fue preparando para quedarme sola, para afrontar el vacío.

Me despedí de su cuerpo, pero no de su alma. Y me fui despidiendo poco a poco también de su mente, porque ya no quedó más espacio para hablar y pensar que en lo relacionado con su enfermedad. Me fui despidiendo del Emil que conocí y con el que compartí día tras día toda una vida, porque ya no quedaba mucho de ese hombre. Cada jornada era una lucha sin esperanza, una lucha que lo agotaba irremisiblemente. Sus viajes, sus caminatas por la playa, su trabajo en la finca, la lectura de sus libros favoritos, el juego con sus dos nietos, las visitas a los bosques, el compartir con amigos de viejos tiempos; todo eso fue quedando irremediablemente atrás. Ya no existía interés alguno como en el pasado.

La jornada de nuestro viaje juntos ha sido increíble. Vivimos cuarenta y seis años de aventura en aventura; no tuvimos tiempo para aburrirnos. Nuestra familia también es inigualable. Emil siempre hizo lo que quería hacer, amó su trabajo, su profesión con la pasión de un profeta; amó los viajes, que para él fueron las perfectas vacaciones. Planear itinerarios, como un agente de compañía de viajes, era su delicia y a esa labor le gastaba tiempo y entusiasmo. Uno de los pocos países que no conocimos fue Australia. Quizá en ese otro futuro hagamos ese viaje.

Impresiones de sitios que conocimos

¡Son tantas las ciudades donde hemos vivido y tantas otras las que hemos conocido! A algunas de ellas en Europa y Estados Unidos hemos regresado varias veces; a Venecia unas cinco veces. No era la favorita, pero quizá la atracción de su romántico entorno nos movió a visitarla una y otra vez.

Los gratos recuerdos que conservamos de una ciudad en especial dependen sobre todo de lo que encontramos y hemos vivido en ella, y de las imágenes que permanecen impresas en nuestra mente. Algunos lugares quedaron grabados con fuerza en nuestro corazón. En cierta ocasión —creo que en el año 2000— viajamos a Austria, y de allí en un carro arrendado Emil y yo fuimos a Italia. Llegamos a la Riviera, en el Mediterráneo, el mar más azul y bello que haya visto; recorrimos la rocosa carretera hasta llegar a Mónaco. Ya habíamos visitado la ciudad en otras ocasiones; seguimos hacia el oeste, siempre bordeando los acantilados de la Riviera. Entramos a Arlés, la ciudad donde vivió Van Gogh. Me parecía que estaba viviendo un sueño: los árboles de la avenida, las casas, la luz en los campos hacían pensar en el pintor y su obra. Después seguimos buscando el mar por una carretera que pasaba por ciénagas llenas de flamingos y algunas granjas con casas extrañas, blancas y redondas en las esquinas, pastales inmensos, carreteras entre aguas quietas. La luz espectacular.

St. Marie de la Mer, Francia

Llegamos a un pueblo, St. Marie de la Mer, un descubrimiento para nosotros como turistas. A la orilla del mar estaba esta joya del Mediterráneo. Nos hospedamos en el hotel frente a la playa. Allí es todo de un blanco indescriptible, la luz y sus efectos resplandecen en las calles, en los tejados, inclusive en las sombras. Con Emil caminamos por la arena cálida; había una soledad de misterio. Buscamos un restaurante y encontramos uno que tenía mesas bajo árboles con un cerco de guadua. La comida francesa, de primera; la música, fascinante; un hombre tocaba la guitarra y con voz ronca y sugestiva cantaba versos en castellano. Ambiente romántico el de este pueblo que me gustaría visitar otra vez.

Cadaqués, España

La tierra de Dalí, el pintor. Desde arriba la carretera en la Costa Brava se va deslizando lentamente hacia el mar en miles de vueltas; desde allá alcanzamos a divisar un pueblo blanco como construido en las paredes de las rocas que entran al mar. Emil, experto chofer, conduce fascinado con las curvas; yo, asustada por los precipicios. Entramos a Cadaqués, otro pueblo típico en el Mediterráneo. Ya lo conocía en parte por las pinturas de Salvador Dalí. Allí estaban las barcas extrañas ancladas en la bahía, los botes dormitando en la arena de la playa. La carretera sigue bordeando las rocas; una calle angosta, donde están los hoteles, termina en un punto dado; allí nos quedamos cerca de este punto último. Por la noche caminamos lo que había por caminar. En el restaurante llamado "Dalí," naturalmente, había un ambiente de informalidad, pero la comida era excelente. Allá, como en una pequeña península, está la casa de Dalí, que no pudimos visitar por la premura del tiempo.

Venecia, Italia

Cuando recuerdo a Venecia viene a mi mente la música de Ophenbah: La Barcarola. Imagino ver las doncellas con sus vestimentas, en noche de fiestas, los abanicos en manos enjoyadas y el oleaje meciendo las barcas en el gran canal.

Venecia: la ciudad construida en el agua. Alguna vez me perdí en ella con tres amigas y caminamos hasta las once de la noche por calles estrechas como zaguanes, por plazas, por sus iglesias y puentes milenarios, y cuando encontramos los canales con sus puentes miniatura algunos, nos subimos al bus acuático que nos llevó al hotel después de parar en varias estaciones.

En la plaza de San Marcos caminamos con cientos de turistas, visitamos museos, iglesias y calles famosas. Visitamos también los almacenes con su cristalería de murano y souvenir de góndolas, máscaras de festivales y collares de piedras de murano. Estuvimos en el Rialto y navegamos en una góndola que nos llevó por canales y canales mostrándonos las casas de magnates, los sitios históricos, las casas que se desbaratan por fuera, con paredes semidestruidas; adentro podíamos observar los chandelliers, obras de arte y un lujo extravagante. Cada vez que visitamos la ciudad, algo nuevo descubrimos. Visitamos Murano, la isla de cristal; visitamos el Lido, la isla del placer.

Londres

Con esa música de Camelot que escuché alguna vez en una película del Rey Arturo estaba preparada para mi visita a Londres. Esta vez yo fui con un grupo de personas en un tour. Mi amiga Mary Zimerman fue mi compañera de viaje desde Elkhart. Emil se fue a Tahití, isla en la Polinesia.

Yo quería ver museos en Europa. Ya había leído sobre Sir Lancelot, sobre Enrique VIII; de Elizabeth, la reina virgen; de Ricardo III y de tantos otros personajes que dejaron tradiciones e historias de palacios, castillos y puentes famosos. La cultura inglesa entronizada para siempre en esta ciudad.

La torre de Londres, primera atracción con su sangrienta historia. Las famosas catedrales que en un tiempo fueron católicas, apostólicas y romanas hoy son anglicanas. El parlamento; Buckingham Palace, residencia de la Reina Isabel. Visitamos universidades antiquísimas en pueblos que respiran tradición. Los parque famosos, el río Támesis, el castillo de Windsor con sus joyas de tiempos idos: los gobelinos, los muebles, lámparas y, ¿qué decir de los jardines? Recorrimos las avenidas con famosos almacenes, restaurantes y teatros.

En el Paladium asistimos a una revista musical, al estilo Follies Bergére; Picadilly Circus, la plazoleta rival de Times Square en New York; y más allá, como en barrios extremos, encontramos los edificios sin gracia con cientos de chimeneas, que semejaban cajones con ventanas uniformes. Allí vive la otra clase: inmigrantes hindúes, chinos, antillanos, africanos, gentes de las otrora colonias británicas.

La elite de la nobleza y el entretenimiento ocupa apartamentos en barrios lujosos, casas medievales, casas campestres, castillos, etc. En Londres se respira historia; es una ciudad señorial y como París y Roma, un museo abierto.

París

¿Cómo no recordar una ciudad como París? Todo lo que se ha escrito y aún se escribe nos deja percibir la realidad de una ciudad que fue creada con orgullo, con elegancia, con cultura. La Ciudad Luz. En sus calles y avenidas encontramos todavía la París de Balzac y de Víctor Hugo, la París de Renoir y Picasso, la París de Proust y Napoleón. Sus puentes majestuosos, los grandes monumentos, los campos Elíseos, Notre Dame, la torre Eiffel y tantos y tantos sitios para visitar en una ciudad histórica.

Ya la conocía cuando fui la primera vez por los libros y novelas, y antes ya que me era familiar por el estudio de la Revolución francesa de la que leí en los tiempos de mi juventud. Recordando a Sartre, empecé a buscar los famosos sótanos donde se bailaba el tango apache; los busqué en Montmartre en su barrio latino. Me aventuré por la Ile de France, y en el Louvre recorrí los salones en busca de los maestros; de entrada allí estaba en la escalera la Victoria de Samotracia con sus alas abiertas, recibiendo a esa humanidad que día a día llega en busca de milagros; la Mona Lisa, en su nicho especial, alejada de los curiosos que buscan en esa sonrisa algo que no es posible descifrar; el Rapto de las Sabinas y tantas obras de arte que a vista de pájaro uno va tratando de admirar.

En las noches buscamos los burlesques: El Lido, el Moulin Rouge, como siempre invadidos de turistas acicalados. En el Sena paseamos en las barcas iluminadas con farolitos para divisar Notre Dame, los puentes y los bancos que bordean el río. No olvidaré las caminatas interminables, porque a Emil le gustaba caminar. Werner y Marcel nos acompañaron en un viaje, después regresaron solos y se quedaron más tiempo para poder asimilar mejor lo que ofrecía esta ciudad única; también Lisandro y su familia la visitaron hace pocos años.

Florencia, Italia

¿Acaso Dios no vivió alguna vez en Florencia? Allí dejó a David, el David de Miguel Ángel, ¡el divino David! En dos ocasiones visitamos la ciudad Milagro, en Toscana. Por días recorrimos las calles empedradas, angostas, que respiraban Renacimiento; los palacios, algunos museos, las iglesias tan increíblemente construidas con mármoles de colores; monumentos a las ambiciones de familias poderosas. El Bautisterio con sus altos relieves en cobre, "arte en la calle", recuerdo que pensé. Los grandes museos con obras del Renacimiento y esculturas en cantidades nunca vistas; la plaza del Vechio, el palacio Uffizi, los puentes de antaño que aún atraviesan impasibles el Arno. Para mí, ¡ver Florencia! Después ya no hay nada para ver.

Desde Fiesole, un pueblo trepado en rocas imposibles, se observan los atardeceres; resplandecen en las lomas los colores de Toscana iluminadas por un sol que se va. Se divisan las cúpulas del Duomo, las torres de palacios que dejaron los Médicis; las luces del atardecer van bañando la ciudad y su río; los olivos en todas partes, casi uniformes, van creando en la ciudad un misterioso arcano, como si el tiempo se hubiese detenido mientras los artistas creaban sus grandiosas obras florentinas. De regreso a Fiesole, al albergue que en 1648 fue un convento refugio de monjes, y que para nosotros, cansados de caminar por calles desiguales y estrechas, se convierte también en un refugio providencial, un lugar idílico donde nos espera una comida conventual.

En las terrazas del albergue se sientan los turistas a divisar la ciudad y las colinas que la circundan. Se sirve vino de monjes y luego se van a dormir en las piezas donde ellos también durmieron. Afuera, las huertas de olivos lucen en las sombras algo tenebrosas. En el segundo día bajamos para seguir con nuestro recorrido; calles comerciales, más iglesias y museos. La ciudad en sí es un museo. A mediodía salimos de la catedral, inmensa, imposible de imaginar; era el día 11 de septiembre del año 2001. Caminamos en busca de un restaurante, regresamos a la plaza Vechio y entonces empezamos a oír rumores: "algo en New York", "algo ha pasado". Los turistas americanos hablaban reunidos en grupos con gestos preocupados. Pasamos por un restaurante y alguien nos dijo que habían volado las torres en New York.

En una calle, de regreso al albergue en Fiesole, había un grupo mirando la televisión. Werner se acercó: dos aviones se estrellaron contra las Torres del Trade Center y había muchos muertos. En el convento había una nota escrita en el espejo del lobby: "Lo sentían mucho por los americanos que se hospedaban allí".

Roma

La Ciudad Eterna. Una metrópoli, la capital de Italia. Allá fui con un grupo de turistas y visitamos el circo romano, que todos sabemos era el lugar donde leones y tigres devoraban a los cristianos. Las catacumbas, donde los cristianos oraban a escondidas de los emperadores. El Vaticano, residencia del Papa, donde está la Capilla Sixtina y en una iglesia la Piedad de Miguel Ángel.

En los museos encontramos las obras de Da Vinci, el Tintoreto, Rafael, Miguel Ángel, y todas aquellas esculturas de los tiempos romanos, los sarcófagos egipcios y los vestigios de las glorias de los romanos que se extendieron por el Mediterráneo, en todos sus límites y más allá, hasta Inglaterra.

En la tumba de Rafael, el panteón donde está el artista en compañía de otros famosos, entré y me detuve ante el relieve de su rostro, y me quedé como en suspenso, sin aliento, hasta que alguien me llamó y volví a la realidad; extraño suceso.

En Roma fuimos a visitar los puentes y las fuentes famosas como la de Trevi. Asistimos a la ópera, que fue "Tosca". Subimos por las escalinatas de la Plaza España, visitamos regiones campestres, como en la leyenda de las siete colinas, simbolizada con la loba romana. Roma es una ciudad que no se puede conocer en pocos días; hay que vivir en ella para de verdad sentirla y apreciarla.

Austria

Cuando Dios creó el Paraíso escogió a Austria, un país de siete millones de habitantes, con los Alpes majestuosos que la atraviesan casi en su totalidad; glaciares por todas partes, bosques por doquier, la delicia de los amantes de la naturaleza para caminar los fines de semana. Valles incontables que siguen los cursos de los ríos, que se desprenden de las nieves eternas. Las aguas verdes de sus ríos, pero no las del Danubio que son turbias, aunque la fama es de azul.

Entre sus ciudades: Salzburgo, tierra de Mozart, el genio musical. La ciudad fue sede del arzobispado católico. La Iglesia construyó templos majestuosos, con el arte barroco sobresaliente en su arquitectura; los palacios con jardines artísticamente elaborados, llenos de estatuas y fuentes. Hay un castillo en la cima de la colina desde donde se divisan el río que atraviesa la ciudad y las montañas, que en forma caprichosa se van como adentrando en las nubes del cielo. La ciudad compacta, con sus calles estrechas del tiempo de la Edad Media, el barroco en los edificios y en la música, rivaliza con Viena.

Klagenfurt, Austria

Como toda ciudad en Austria la parte vieja, de la época medieval, es una ciudad en sí rodeada por edificios arcanos. Allí no entran carros como en Florencia. Ningún vehículo puede maniobrar en las estrechas calles, algunas sin salidas, o con arcos de piedra, para paso de coches o caballos, como en tiempos medievales.

Bien conservada, la ciudad vieja es el centro de actividades turísticas, por así decirlo. Klagenfurt es una ciudad cerca de Italia en el medio sur de Austria. Tiene un lago divino con pueblos en miniatura alrededor del agua verde, cristalina, y los bosques de pino que llegan hasta la orilla. Hay parques por todas partes, flores exóticas, patos y aves que se pasean en las lagunitas. Avenidas con árboles de sombra. Es una ciudad progresista. Está situada muy cerca de Eslovenia.

Innsbruck, Austria

La ciudad de Emil la conozco por todas partes. La he vivido como ninguna con las muchas visitas a través de los años. Cuando mis hijos Werner y Marcel tenían tres y cinco años viajé sola desde Luxemburgo por tren hasta Innsbruck; llegué donde Oma, mi suegra. Empecé por caminar sus calles y meterme en la ciudad vieja; era como vivir en las leyendas de la Edad Media: la plaza de piedra, los edificios de tres, cuatro y cinco pisos, con ventanas miniaturas; los arcos en el primer piso para esquivar la nieve, los patios donde llegaban los coches tirados por caballos, los palacios con sus iglesias, donde vivían los nobles y gobernantes, con sus estandartes y escudos emblasonados en oro. En mis caminatas en años venideros conocí museos e iglesias donde estaban las tumbas de Alexánder y otros nobles que reinaron en Austria.

Innsbruck tiene un río, el Inn, majestuoso y con sendas promanadas que bordean sus orillas de sur a norte, sitios ideales para pasear; desde el centro de la ciudad se puede divisar las montañas altísimas que tocan el cielo, muy cerca de la ciudad. Conocí cada bosque, cada montaña que subimos en teleférico y la bajábamos a pie con amigos de Emil. Las gentes de Austria son inmensamente acogedoras, les gusta reunirse con amigos a comer y beber vino. Adoran la música, la clásica y la folklórica. Creo que todos cantan; es parte de su cultura.

Viena, Austria

Viena, la capital de Austria, es una pequeña París. La ciudad de los valses de Strauss, la ciudad donde compuso Bethoven su Heroica y tantas otras sinfonías que no nos cansamos de escuchar. La ciudad del Danubio Azul, del Chambrún y Belvedere, de la Ópera, de la iglesia gótica de St. Stefan. El barroco reina en Viena en su arquitectura y su música. De aquí salió la cultura de letrados e intérpretes, compositores y artistas.

Los Habsburg crearon una ciudad de magníficos monumentos, de grandes y elegantes palacios, un exquisito gusto por la gastronomía, por la naturaleza, por el vestir y por la vida toda. Crearon su imperio y por cientos de años gobernaron como verdaderos monarcas y dejaron la grandiosidad de sus caprichos en los palacios de gobierno y de recreo en las diferentes provincias.

Asia – Continente

Aquí visitamos Japón, China, Taiwán. De ciudades en Japón: Tokio, Osaka y Kyoto.

En China, Hong - Kong y Macao. También Taiwán y Guan (colonia americana).

Hong Kong - China

Cuando tenía doce años, antes de viajar al internado en Popayán, disfruté una película con tema misterioso: ocurría todo aquello con intrigas de detectives y "malos" en Hong Kong. Aparecían los chinos estatuarios con bigotes en forma de herradura fumando cigarrillos que nunca desaparecían de la boca herméticamente cerrada; calles empedradas a medio alumbrar; casas con corredores tenebrosos; hoteluchos miserables; coolíes corriendo por las calles llevando su carga humana; personajes con caras huesudas; todo en blanco y negro. Con estos recuerdos estaba más que a la expectativa de un Hong Kong misterioso. ¿Cuántos años habían pasado ya? Tenía yo cuarenta años al empezar este viaje. A mi vista apareció una ciudad de rascacielos, anclada en una bahía hermosa con islotes diseminados caprichosamente en un mar agitado, plateado y profundo. Hong Kong está recostada en una montaña de verdes intensos, donde se divisan casas, jardines, carreteras como serpentinas que se pierden en el mar. Esta era la ciudad moderna. La otra, imbuida tras sus rascacielos tuve que descubrirla adentrándome por callecitas estrechas y oscuras y subiendo en algunas partes por escalinatas retorcidas. Esa era mi China, con sus banderolas multicolores; el bullicio variopinto de su gente circulando por sus calles; el ir y venir de los coolíes, las tiendas de mil novedades y artesanías folclóricas; las ropas colgadas de ventana a ventana como puentes colgantes; los mil y un restaurantes de comidas exóticas... Esa era la ciudad de mi película. La otra, la Hong - Kong sofisticada, con sus grandes hoteles, los edificios de finanzas, almacenes elegantes, joyerías como las que se ven en Zurich, es una ciudad cosmopolita. En algunos almacenes un retrato de Mao Tse-tung nos recuerda que estamos en la China comunista. Los restaurantes, decorados con lujo oriental, los atienden meseros chinos vestidos con ropa de satín, exquisitamente diseñada. Así como Koulon, es terriblemente china, la China común, despreocupada y con una idiosincrasia sin ninguna sofisticación, es la de Mao, la del contrabando, centro de toda clase de especulaciones; un sitio para comprar, y luego ir a cenar en la otra Hong Kong, la de los ingleses.

Desde las colinas se aprecia la bahía en toda su grandiosidad; los islotes que salen del mar como velas de barcos sumergidos, montañas que caen al mar y se van perdiendo con reflejos de esmeraldas y sepias en la profundidad del océano. Hong Kong es un emporio comercial que exporta al mundo entero.

Macao - China

En hidrófil, a velocidades increíbles, viajamos a Macao. El contraste es llamativo: un Hong - Kong vibrante y un Macao dormido como un pueblo desocupado. Calles solitarias, comercio quieto, completamente inerte. Solamente en los casinos se encuentra un Macao bullicioso. Observé a muchas ancianas jugando por horas, todas ellas residentes de Hong - Kong. Los chinos aman los juegos de azar, la ruleta, las cartas, los dados, etc. Esta fue una colonia portuguesa; el idioma portugués es obligatorio en los planteles de educación.

Hay muchos conventos, y allí se tejen y bordan los manteles, blusas y ajuares de canutillo que viajan al mercado del mundo entero. Recuerdo que pensé: "Portugal en China".

Tokio, Japón

Creo que Tokio es la ciudad más poblada del mundo, pero al visitarla no se siente su enormidad. Es una ciudad limpia, pujante, extraña, completamente construida, sin un sitio libre para poner un alfiler. En los hoteles se aprecian los jardines con puentecitos en medio de azaleas, peces de colores en los laguitos, adornados con piedras y líquenes. Los japoneses se mueven taciturnos por las calles, casi todos vestidos con trajes oscuros; me dio la impresión de robots que van de un lado al otro sin inmutarse.

En Osaka, en la Exposición de 1970, había cientos de niños con su banderita roja, ¡tan callados! Imposible de creerlo. Osaka es una ciudad industrial. Allí firmamos muchos autógrafos a los niños de escuela que nos perseguían a menudo.

En Kyoto visitamos templos y parques con jardines hermosos; una ciudad señorial con miles de árboles y promanadas a lo largo del río. En uno de los templos había un Buda enorme. Nos llamaron la atención los sitios de meditación en los jardines zen. Allí encontramos japoneses sentados por horas contemplando las piedras colocadas en un piso de arena.

Honolulu, Hawai

Honolulu, Hawai, es uno de mis sitios favoritos en el planeta Tierra. Las islas, todas diferentes, nacieron en un mar inimaginado, un mar de mil azules, con un oleaje tremendo y unas playas de arena como azúcar; sus volcanes en constante actividad, las lagunas, los parques y allá, en las islas más grandes de Hawai, la lava ha creado un sitio extraño sin árboles, sin ninguna vegetación. Un volcán imponente se levanta, como trazado por el hombre, perfecto en su forma; al otro lado del volcán un grupo de volcanes en actividad, con constantes llamaradas. La lava incandescente baja al mar y se convierte en roca. Quizá por esto no hay playas sino acantilados.

En cada ciudad visitada encontramos siempre algo que nos llenó de curiosidad. Llegábamos con la mente abierta para encontrar lo inesperado. Sería largo enumerar cada ciudad y cada pueblo.

La Margarita – Finca en Cali

Quiero ahora describir La Margarita, una finca de unos veintitrés mil metros cuadrados que compramos por allá en el año 1978, cuando vivíamos en Springfield. Ella ha sido nuestro destino por muchos años. Se ubica en las afueras de Cali, en el corregimiento de La Buitrera, a unos diez minutos de los centros comerciales del sur y a una hora del centro de la ciudad por carro. Está situada en una colina desde donde se divisa la ciudad de Cali. La colina está en el callejón de Los Cascabeles. Para dar una idea de lo que representa La Margarita para mí, transcribiré ahora lo que escribí hace unos años, en 1996 exactamente.

"Desde el primer momento en que observé la casa flotando en un mar de helechos supe que La Margarita había estado viviendo en mi corazón y en mis sueños antes que el tiempo, antes que mi imaginación. Este era mi lugar, y yo no le era extraña, y ésta ha sido la mágica sensación de cada día pasado aquí.

"Un buen día, en agosto, subí por el camino bordeado de árboles y de pronto encontré la casa, exactamente como la había imaginado. No parecía haber sido construida, sino que había nacido allí tan natural como una manifestación del lugar, al igual que las plantas, el viento, las aves, la lluvia...

"Todo el lugar es un sueño vuelto realidad; da la sensación de un jardín secreto escondido, misterioso, en la colina, con esa profunda música de las pinturas de Monet y como si saliera de las descripciones de Proust y Ruskin.

"Por todas partes encontramos sorpresas: los helechos que cubren los barrancos como cascadas de verdes increíbles, las airosas palmeras vestidas de plumajes tornasolados, las garzas y anturios diseminados en terracotas en los jardines furtivos, y más allá, bosques y cafetales bajo árboles sin nombre.

"Al final del jardín de las Arekas un caminito serpentino nos lleva a la cima del monte. Desde allí podemos ver un inmenso valle, ríos y lejanas montañas, y aquí recostada en las faldas de la cordillera, una ciudad, Cali, la ciudad cálida dormitando bajo un cielo cobalto.

"Muchas cosas hacen de este sitio un lugar encantado. Su mágica existencia, las noches largas de verano que parecen flotar dentro y fuera de la casa, y, como en las pinturas de Bonard, lo exterior y lo interior están en constante comunicación.

"La Margarita es todo lo que yo esperaba de un lugar soñado. En las noches, luces entre los árboles, la brisa acaricia los ramajes, y hoy, en una noche de abril, el cielo está estrellado. A lo lejos se oye el retumbar de un trueno. Es una noche de misterio, una noche más allá de nuestra imaginación.

"Vivir aquí es olvidarse del tiempo y de las realidades cercanas, es envolverse en el mundo de la naturaleza y navegar en ésta por espacios apenas percibidos, es como inventarse su propio mundo y vivir en él como si fuera un sueño".

Anécdota

El nombre La Margarita se conservó por una promesa que le hice a la señora Margarita Bawer, anterior dueña de la finca. Esta señora fue oriunda de Viena, Austria, lo mismo que su esposo Carlos.

Caso curioso: los primeros dueños, austriacos. Los segundos dueños; austriaco y colombiana. Pero no conocimos anteriormente ni a la señora austriaca, con la que hicimos los trámites de compra, ni a su esposo fallecido.

Su último viaje

Cali, año 2003

Llegó el 31 de marzo y se fue el primero de abril. La casona de La Margarita lo esperaba engalanada con plantas y cascabeles, las farolas del corredor con sus luces amarillas le dieron la bienvenida. Los jardines, iluminados, lo esperaban. Los perritos: Lucky, Sara y Tony, llenos de ansiedad, parecían presentirlo. Y yo, con una alegría que no podría explicar, una dicha sin límites mezclada al mismo tiempo con temor, porque sabía de su precaria salud. La finca estaba hermosa esperando su llegada; lucía como nunca, como si supiera que el "amor del lugar" llegaría para admirarla. Nunca imaginé que estaría solamente una noche a mi lado.

Lo vestí para dormir, y entonces me di cuenta de que su estado físico era ya definitivo. Leí en sus ojos un final; un final de cansancio. La jornada estaba por terminar. Tenía las piernas enormes. El dolor martillando su pierna le hacía quejarse minuto a minuto. En esa noche sin sueño hablamos, o mejor, él habló de todo: de los amigos de Europa; de su hermano Hebert, quien lo había visitado en Florida por una semana; habló de nuestros hijos; de sus nietos Stefan y Emily; de los médicos del hospital y de su última visita a éstos. De los arreglos de los apartamentos y tantas otras cosas. Quería informarme de todo. A las cinco de la mañana me dijo: "No la he dejado dormir". "Mañana dormiré", le dije con ternura.

Pero no tenía sueño; sabía que sufría y no podía ayudarlo. Sus piernas rojizas, pesadas, me preocupaban desesperadamente. Por la mañana llamé a mi vecino el doctor Blanco de la casa Mira Cali. Cuando lo vio me dijo que había que llamar a Emi (ambulancia) para que le pusieran suero. Un médico vino con la ambulancia, y opinó que era necesario llevarlo a la clínica de inmediato. Emil no opuso resistencia. Lo llevamos a la clínica Valle del Lili, a la sección de urgencias. Su último viaje; el viaje de ir y no volver.

La noche que llegó de Miami estuvo conversando con el médico vecino, con mi hijo Hernán y Lilia, su esposa. Me di cuenta de que casi no podía caminar. Sara, la perrita, se sentó a contemplarlo. Nos comentó que seis días antes se cayó en el apartamento de Cocoa Beach y se rompió un brazo a la altura del hombro y que no le hicieron curación; apenas le pusieron vendajes para ayudar el brazo.

En la clínica del Valle de Lili, en una cama blanca, estuvo por horas. Se sentía incómodo, el dolor apremiaba. Le sacaron radiografías y exámenes de sangre.

Stella, la esposa de mi hijo Lisandro, vino a acompañarme y estar a su lado. Los médicos hablaban de llevarlo al cuarto piso para hacerle un tratamiento con antibióticos. "Hay esperanzas", pensé. Varios médicos le miraron la pierna, un sacerdote que hablaba alemán vino a darle los santos óleos. Sentí una gran ansiedad y me pregunté angustiada: "¿Por qué?" Pronto lo sabría.

El médico de Enfermedades Infecciosas me llamó aparte. Nos sentamos en una de las camas de recuperación. "No me gusta dar malas noticias –me dijo–, pero su esposo está muy mal. Le voy a poner un calmante para mitigar el dolor. Es todo lo que podemos hacer por él". Y siguió hablándome sobre el estado del linfoma. Su cuerpo, sin defensas para luchar; la infección entre la piel y el músculo avanzaba irremediablemente. Me dijo el nombre de esta infección, pero no lo recuerdo, que le iban a poner algo para quitarle el dolor. Al final me dijo que no pasaría de ese día.

Lo que escuchaba me parecía irreal; algo que no podía estar sucediendo. Dominé mis lágrimas. Fui hasta el escritorio que había en la pieza, y desde allí observé angustiada a Emil, muy pálido, en esa cama blanca. Cuando me acerqué a su lado comprendí que estaba vencido. Él me dijo entonces: "Vine a morirme a Cali. Aquí es más fácil realizar la cremación y llevar las cenizas". Yo no le contesté. No pude contenerme, salí y me fui a otra pieza a llorar. Stella, que tenía los ojos rojos, llamaba por el celular a Werner y a Marcel en EE.UU., y en Cali a Lisandro y a toda la familia para comunicarles lo que pasaba.

Me hicieron salir para colocarle tubos en la boca y en la nariz; un procedimiento que demoró media hora. Cuando regresé estaba dormido, pero con los ojos abiertos. Lo llevaron a una sala de cuidados intensivos en el cuarto piso. Para entonces ya habían llegado Alba Lucía y Alonso (hermano de Stella). También llegaron Lucía, su hermana; Sandra, su hija; mis hijos Lisandro y Hernán, así como Lilia, su esposa, y Guillermo mi nieto. De amigos: Gloria y Carlos Sterling.

En la pieza donde Emil se encontraba lo visitamos de tres en tres por recomendación de los médicos. Él estaba inconsciente, y le habían colocado unos papelitos en las esquinas de sus párpados para cerrar sus ojos. Lucía indefenso, todavía con los tubos en la boca y nariz. Vinieron otros médicos y me dijeron que era mejor que la familia estuviera allí acompañándolo porque no le quedaban muchas horas.

Observábamos las máquinas: la de la presión arterial y la del corazón que iban apagándose inexorablemente. Faltando cinco para las siete de la noche de un primero de abril se apagaron con un sonar de campanitas. Emil había dejado de existir.

Inconsciente se fue de este mundo y me dejó sola para siempre o hasta que nos volvamos a encontrar. Mientras tanto él seguirá viviendo en mis recuerdos, día a día; en las cosas que ambos amábamos, en la naturaleza, en sus hijos, a los que tanto quería, y en sus nietos, que son parte de su cuerpo. Él quiso a mis otros hijos, su familia extendida: Helena, Lisandro, Triny y a Hernán.

Sentía especial afección por sus amigos en Innsbruck, especialmente Margarita y Klaus Praxmayr y los hermaños Wolfathers. A su familia en Austria la visitaba con frecuencia. Adoró su país, Austria, con una reverencia inigualable. Amó sus viajes, que fueron siempre tan importantes en su vida como su trabajo en los hoteles. Como amigo fue único, leal como ninguno.

Como esposo fue un hombre que apareció en mi vida como un milagro. El mejor de los mejores.

El funeral

En la sala del Templo de los Olivos, rodeado de cirios, estaba su cuerpo vestido de gris claro, en un cofre de madera rojiza clara. Había una paz de siglos en su rostro. Su gesto traslucía serenidad.

Hubo muchas flores y mucha gente; todos relacionados con la familia, que vinieron a ofrecer sus respetos. "Emil estaría contento con estos servicios", pensé, "no estaba solo, lo querían". La gente que lo conoció no lo olvidaba. En la iglesia del cementerio, en los Jardines del Recuerdo, se ofreció una misa; hubo música con la Sinfónica de Cali, flores, cirios y sus amigos. Su hermano Herbert vino de San Andrés con dos hijos, Norbert y Claudia.

Sus dos hijos, Marcel y Werner, vinieron de Estados Unidos; la familia de sus hijos adoptivos, todos, allí acompañándome y acompañando a Emil en su último adiós. Werner, nuestro hijo mayor, dijo algunas palabras sobre su padre. "Que Emil fue un hombre bueno, que quiso a su familia y cuidó de ella; que fue un gran esposo y padre, y un ejemplo para todos sus seis hijos, y que su valor en estos seis años de su enfermedad en una constante batalla era digno de admirar". Leyó la misiva de Stefan, su nieto que tiene cinco años. Después de la misa llevaron su féretro a la rotonda de cremación.

Un lugar muy lindo, como un templo romano en mármol, y con una puerta de cobre repujado, por donde entró el féretro a ser cremado.

Gracias a Lisandro, Hernán y Stella, todo lo del funeral fue muy organizado para la despedida de un príncipe: EMIL VON BLON EGGER.

La vida es un soplo. Hoy somos, mañana no. En un instante estamos, después nada. Triste realidad. Algo tan natural y, sin embargo, causa estragos en los seres que quedan.

¿Las despedidas son un adiós o un hasta pronto? Queda una tristeza en el aire y muy dentro de la mente, se vive con ella por un tiempo hasta que la memoria se va acostumbrando a la ausencia. En toda mi vida, después de mis diecinueve años, solamente estuve dos años sola. Siempre hubo un compañero a mi lado. Ahora, a mis setenta y siete años, estoy sola otra vez..., pero habrá para los dos un día, un día luminosamente claro y solo habrá un barco en la bahía, y en el silencio de la noche, un faro. Él amaba el mar y la playa con una pasión de colegial. Él gozaba con los amaneceres en sus caminatas por las playas. Que su espíritu encuentre la paz.

Sus cenizas serán depositadas en cinco partes según su voluntad:

Capilla finca La Margarita, Cali; en el mar, en Cocoa Beach, USA; en el Monte Blanco, Francia; en la tumba de su madre, en Innsbruck, Austria; y en el Norteke, en los Alpes del Tyrol.

Aquí dejo por terminada la historia de una vida que se fue desarrollando en escenas hasta la caída del telón con el fallecimiento de Emil, mi esposo.

Cali, La Margarita, abril 20 del año 2003.

Oscar y Enrique Rebolledo.
(Nietos de Ligia)

Guillermo Rebolledo.
(Nieto de Ligia)

Los hermanos Rebolledo. De izquierda a derecha:
Lizandro, Helena, Triny y Hernán.

Los nietos de Ligia. De izquierda a derecha:
Sandra, Guillermo, John Paul, Oscar y Enrique.

Werner Vonblon.

Marcel Vonblon.

Ligia Vonblon con su bisnieta
Isabella Rebolledo.

Los nietos de Ligia: Michelle, Edward,
y John Paul Ovando con su madre
Trini Ovando, hija de Ligia.

Historia de una vida

"Una vida que nació con alas y voló por mundos
apenas imaginados"

Esta es la historia de una mujer nacida en una
isla del Pacífico colombiano y que desde temprana
edad, a sus trece años, aventuró hacia un mundo
nuevo y descubrió la necesidad de aprender para en-
riquecer su alma.

En la jornada de su vida encontró desconciertos,
tragedias, pérdidas… pero también hallazgos inesperados que enriquecieron su existencia

Una mujer que tendió puentes para llegar a esos
mundos que soñaba crear.

Ella cuenta las leyendas de su familia con descripciones mágicas, así como también el camino
nómada transitado a lo largo de su vida, con curio-
sas anécdotas.

Concibe su vida como un teatro y a las gentes
que estuvieron en su entorno como actores que representan escenas de alguna obra de la condición
humana.

ISBN: 978-958-727-001-3

9 789587 270013

www.ingramcontent.com/pod-product-compliance
Lightning Source LLC
Chambersburg PA
CBHW071858020426
42331CB00010B/2576